WILLIAMS-SONOMA

ENSALADAS

RECETAS Y TEXTO

GEORGEANNE BRENNAN

EDITOR GENERAL

CHUCK WILLIAMS

FOTOGRAFÍA

NOEL BARNHURST

TRADUCCIÓN

CONCEPCIÓN O. DE JOURDAIN
LAURA CORDERA L.

degustis

CONTENIDO

OTOÑO

INVIERNO

ENSALADAS PARA DÍA DE CAMPO

INTRODUCCIÓN

Lo esencial de una buena ensalada es la sencillez. Sabores puros y satinados que al combinarse proporcionan lo mejor de cada uno. Parte del arte de hacer una ensalada realmente deliciosa es elegir los ingredientes más frescos, en particular los vegetales y frutas que han madurado en su temporada natural. Aunque hoy en día es fácil encontrar espárragos en otoño y jitomates a mediados del invierno, estos alimentos tendrán un mejor sabor en primavera y verano. Debido a esto, los capítulos de este libro se han acomodado principalmente por estación para ayudarle a encontrar la ensalada adecuada para cada momento. Incluimos un capítulo con las ensaladas clásicas que nunca pasarán de moda y una selección de ensaladas que pueden llevarse de día de campo y pueden ampliarse para alimentar a un batallón.

Cada receta de este libro de cocina ha sido probada y subraya un ingrediente, término o técnica de cocina en particular. Al final del libro presentamos un capítulo sobre temas básicos que ofrece un resumen de cómo hacer ensaladas, con toda la información adicional que usted pudiera necesitar. ¡Espero que las recetas de este libro lo inspiren a entrar a la cocina y empezar a cocinar!

LAS CLÁSICAS

Algunas ensaladas se han ganado un lugar de honor dentro de nuestra memoria culinaria debido a sus diferentes combinaciones de sabor y textura. A través de los años estas recetas clásicas han evolucionado o han sido el origen para innumerables variaciones. Las recetas que mostramos a continuación representan el regreso a la forma original de muchas de nuestras ensaladas favoritas, con un sencillo ajuste para satisfacer el paladar actual.

ENSALADA CÉSAR

QUESO PARMESANO

El queso parmesano viene de la región de Emilia-Romana ubicada al norte de Italia y su nombre de marca es Parmigiano-Reggiano. Para asegurar su frescura, pida una rebanada de Parmesano recién cortada de una rueda. Su sabor es delicioso y complejo, además de tener una textura granular agradable. Este queso sazonado es un excelente adorno para ensaladas al cortarlo en lajas. Para obtener las lajas, rebane horizontalmente con un pelador de vegetales o cuchillo pequeño sobre un trozo de queso, haciendo lajas y rizos delgados.

Precaliente el horno a 180ºC (350ºF), Coloque los cubos de pan sobre una charola de hornear y espolvoree con las 3 cucharadas de aceite de oliva, ½ cucharadita de sal y ½ cucharadita de pimienta. Hornee y tueste aproximadamente 15 minutos, volteándolos una o dos veces, hasta dorar. Retire los cubos de la charola, déjelos enfriar y frótelos por uno o dos de sus lados con el ajo con piel. (Los lados duros del pan tostado actuarán como rallador). Reserve.

En el fondo de una ensaladera haga una pasta aplastando, con un tenedor, el ajo pelado con ½ cucharadita de sal. Aplaste 4 filetes de anchoa y mezcle con la pasta. Incorpore la salsa inglesa, vinagre y ½ cucharadita de pimienta. Mientras mezcla, vierta lentamente el aceite de oliva restante para hacer un aderezo espeso.

Agregue las hojas de lechuga y tres cuartas partes de los croutons al tazón que contiene el aderezo y mezcle cuidadosamente hasta cubrir. Rompa el huevo en el tazón y mezcle una vez más. Cubra con los croutons restantes. Reparta las lajas de Parmesano sobre la ensalada y sirva de inmediato, adornando con filetes de anchoa, si lo desea.

Nota: Este platillo contiene huevo crudo. Si lo desea, omítalo. Para información adicional, vea la página 114.

RINDE 4 PORCIONES

2 tazas (125 g/4 oz) de pan de levadura u otro pan campestre duro (cubos de 2.5 cm/1 in)

3 cucharadas más ⅓ taza (80 ml/3 fl oz) de aceite de oliva extra virgen

Sal y pimienta recién molida

6 dientes de ajo, 3 con piel y 3 pelados

4 filetes de anchoa, más algún extra para adornar si lo desea

1 cucharadita de salsa inglesa

2 cucharaditas de vinagre de vino tinto

2 corazones de lechuga orejona, separados en hojas

1 huevo

Lajas de queso parmesano para adornar (*vea explicación a la izquierda*)

ENSALADA COBB

3 huevos cocidos pelados (*vea explicación a la derecha*)

8 rebanadas de tocino

1 cabeza de lechuga orejona, separando sus hojas y picándolas en trozos del tamaño de un bocado

2 cucharadas de perejil fresco (italiano) picado

2 cucharadas de cebollín fresco picado, más tallos extras

2 tazas (125 g/4 oz) de berros picados (sin tallos duros)

4 tazas (750 g/1½ lb) de pavo o pollo cocido cortado en dados (vea Nota)

2 aguacates sin hueso, pelados y en cubos

2 jitomates picados

125 g (¼ lb) más 30 g (1 oz) de queso Roquefort desmoronado

¼ taza (60 ml/2 fl oz) de vinagre de vino tinto

1 cucharadita de salsa inglesa

½ cucharadita de mostaza Dijon

1 diente de ajo, machacado y picado

Sal y pimienta molida

⅓ taza (80 ml/3 fl oz) de aceite de oliva extra virgen

Corte los huevos cocidos en dados de 12 mm (½ in). Reserve.

En una sartén para freír sobre calor medio, fría el tocino unos 10 minutos, hasta que esté crujiente. Escurra sobre toallas de papel. Cuando se enfríe, trocee y reserve.

Haga una cama de lechuga sobre un platón o tazón poco profundo. Mezcle el perejil con el cebollín picado. Acomode los huevos, tocino, mezcla de hierbas picadas, berro, pavo, aguacate, jitomate y los 125 g de queso sobre la cama de lechuga, formando hileras o cuadros ordenados, cubriendo la lechuga prácticamente por completo.

En un tazón pequeño, mezcle batiendo el vinagre, salsa inglesa, mostaza, ajo, ¼ cucharadita de sal y ½ cucharadita de pimienta. Usando un tenedor, aplaste los 30 g restantes de queso para hacer una pasta. Mientras bate, vierta lentamente el aceite de oliva para formar un aderezo espeso.

Vierta un poco del aderezo sobre la ensalada y adorne con tallos de cebollín. Sirva de inmediato. Acompañe con el resto de aderezo.

Nota: En esta receta, use restos de pavo o pollo. Si no tiene a la mano, cueza algunas pechugas de pollo. Ponga 4 ó 5 mitades de pechuga de pollo en un cazo grande y cubra ligeramente con agua. Hierva sobre calor alto. Reduzca la temperatura a baja y hierva a fuego lento 30 minutos. Retire del calor y deje reposar 30 minutos. Deseche la piel y los huesos y corte la carne en trozos del tamaño de un bocado.

Variación: Tradicionalmente esta ensalada está hecha con queso Roquefort, que da consistencia y sabor al aderezo y a la ensalada. Sin embargo, quizás prefiera un queso azul más suave como el Danés o Maytag.

RINDE DE 4 A 6 PORCIONES

HUEVOS COCIDOS

Es muy fácil sobre cocinar los huevos hervidos, dando a sus yemas un desagradable tono verdoso y una textura seca. Este método suave asegura buenos resultados: Ponga los huevos en un cazo y agregue agua fría hasta cubrirlos por 5 cm (2 in). Ponga a hervir sobre calor medio. Cuando el agua suelte el hervor, retire del calor, tape y deje reposar los huevos en el agua durante 20 minutos. Enjuague bajo el chorro de agua fría y pele.

ENSALADA DE PAPA

Corte los huevos cocidos en rebanadas de 6 mm (¼ in) de grueso. Reserve.

En un cazo grande, combine las papas, 2 cucharaditas de sal y agua para cubrir por 5 cm (2 in). Hierva sobre temperatura media alta, reduzca el calor a medio y cocine, sin tapar, de 20 a 25 minutos, hasta que las papas estén suaves y puedan picarse fácilmente con un tenedor. Escurra y cuando se enfríen lo suficiente para poder tocarlas, pélelas y corte en cubos de 12 mm (½ in). Coloque las papas aun calientes en un tazón grande.

En un tazón pequeño, mezcle la mayonesa con la crema agria, jugo de pepinillos y mostaza al gusto. Cubra las papas con cucharadas de esta mezcla y mezcle suavemente hasta integrar. Agregue la cebolla, eneldo fresco, pepinillos, apio, 1 cucharadita de sal y ½ cucharadita de pimienta. Una vez más, mezcle suavemente hasta integrar por completo. Pruebe y rectifique la sazón. Agregue las rebanadas de huevo, mezclándolas cuidadosamente con la ensalada, reservando 5 para más tarde.

Pase la ensalada a una ensaladera y adorne con las rebanadas reservadas de huevo y espolvoree con paprika. Tape y refrigere por lo menos 1 hora o hasta durante 24 horas antes de servir.

Para servir una entrada apetitosa, coloque platos pequeños con hojas de lechuga y cubra con un poco de ensalada.

Variación: Se pueden agregar otros ingredientes a esta ensalada de papa, como camarones cocidos cortados en dados, atún en lata, aceitunas picadas o pimientos picados o en tiras. Para hacer una ensalada de papa caliente con vinagre, vea la página 65.

RINDE DE 4 A 6 PORCIONES

VARIEDADES DE PAPAS

El papel que juegan las papas en un platillo determina la variedad de papa que se debe usar. Las papas cerosas que se necesitan para esta receta mantienen su forma durante el cocimiento, ya sea hirviéndolas o cociéndolas al vapor y se usan en platillos que piden papas en rebanadas o cubos. Las papas con almidón, como las papas Russet o papas para hornear, se rompen al cocerse, por lo que se usan más para papas al horno o puré de papas.

5 huevos cocidos pelados (página 13)

1.25 kg (2½ lb) de papas cerosas pequeñas como la Yukon dorada, Yellow Finn o Red Rose

Sal y pimienta recién molida

½ taza (125 ml/4 fl oz) de mayonesa, de preferencia hecha en casa (página 111)

½ taza (125 g/4 oz) de crema agria ligera

1 cucharada de jugo de pepinillos dulces

1 a 2 cucharadas de mostaza Dijon

¾ taza (125 g/4 oz) de cebolla morada picada

½ taza (20 g/¾ oz) de eneldo fresco picado

¼ taza (45 g/1½ oz) de pepinillos dulces picados

½ taza (75 g/2½ oz) de apio picado

1 cucharadita de paprika dulce

Hojas de lechuga para servir (opcional)

ENSALADA NICOISE

4 huevos cocidos pelados
(página 13)

500 g (1 lb) de papas cerosas
pequeñas, como papas Yukon
doradas, Yellow finn o Red
Rose.

Sal y pimienta recién molida

500 g (1 lb) de ejotes delgados
como los haricots verts o Blue
Lakes pequeños, recortados

2 tazas (45 g/1½ oz) de
mezcla de lechugas para
ensalada

16 filetes de anchoa

5 jitomates, finamente
rebanados

1 pimiento verde (capsicum),
sin semillas y cortado a lo
largo en tiras delgadas

½ taza (75 g/2½ oz) de
aceitunas negras en aceite

1 lata (250 g/8 oz) de atún en
aceite de oliva, escurrido

¼ taza (60 ml/2 fl oz) de
vinagre de vino tinto

2 cucharadas de chalote
picado

¼ taza (60 ml/2 fl oz) de
aceite de oliva extra virgen

Corte los huevos en cuartos a lo largo. Reserve.

Coloque las papas y ¾ cucharadita de sal en un cazo grande y agregue agua hasta cubrir por 5 cm (2 in). Hierva sobre calor medio alto, reduzca el calor a medio y cocine, sin tapar, de 20 a 25 minutos, hasta que las papas estén suaves y puedan picarse fácilmente con un tenedor. Escurra, enjuague bajo el chorro de agua y cuando estén lo suficientemente frías para poder tocarse, pele y corte en rebanadas de aproximadamente 6 mm (¼ in) de espesor. Reserve.

Acomode los ejotes en una canasta vaporera y coloque sobre agua hirviendo. Tape y cocine al vapor aproximadamente 3 minutos hasta que estén suaves. Saque la canasta y coloque bajo el chorro de agua para detener el cocimiento. Escurra y Reserve.

Divida las lechugas para ensalada entre platos individuales haciendo una cama en cada plato. Divida los ingredientes uniformemente, colocando huevos, papas, ejotes, filetes de anchoa, jitomates, pimiento y aceitunas sobre cada plato y poniendo el atún en el centro.

En un tazón pequeño mezcle el vinagre, chalote, ½ cucharadita de sal y ½ cucharadita de pimienta. Mientras mezcla, vierta lentamente el aceite de oliva para hacer un aderezo espeso. Vierta el aderezo sobre la ensalada y sirva de inmediato.

Variación: Algunas veces se agregan otros ingredientes a la ensalada Nicoise como pepino pelado y rebanado, zanahorias ralladas o betabeles cocidos y en dados.

RINDE 6 PORCIONES

NICOISE TRADICIONAL

Esta ensalada clásica de Niza, al sur de Francia, originalmente se hacía con atún enlatado, no fresco, aunque últimamente se acostumbra (especialmente en restaurantes de Estados Unidos) usar atún fresco asado para hacerla más elegante. Muchos tradicionalistas reclaman que el atún debe ser enlatado y los vegetales deben estar crudos y nunca cocidos. Sin embargo, cuando ordene esta ensalada en algún restaurante, encontrará algunos vegetales cocidos y algunos crudos, como presentamos en esta versión.

RAÍZ DE APIO RÉMOULADE

En un cazo combine la raíz de apio, 1 cucharadita de sal, jugo de limón y agua para cubrir por 5 cm (2 in). Hierva sobre temperatura media alta y cocine de 3 a 4 minutos. La raíz de apio debe estar suave al morderla, pero no pegajosa. Escurra bien y, usando un cuchillo filoso, rebane en rodajas delgadas, después corte en tiras muy delgadas. O, si lo desea, apile las rebanadas y use una mandolina para rallarlas. Coloque en un tazón.

En un tazón pequeño, bata la mayonesa con 2 cucharadas de mostaza. Pruebe la mezcla. Debe estar bien sazonada con mostaza pero aun tener el sabor de ambos ingredientes. Agregue más mostaza si lo desea. Vierta el aderezo sobre la raíz de apio y mezcle bien. Tape y refrigere por lo menos durante 1 hora o hasta 12 horas antes de servir. Sirva porciones en un plato o tazón de ensalada.

Nota: En los bistros tradicionales de Francia, la rémoulade de raíz de apio se sirve como parte de una variedad de pequeñas ensaladas de diferentes vegetales, como betabeles en dados, papas en cubos, zanahorias ralladas o jitomates rebanados; todos aderezados con vinagreta. La versión más tradicional de esta receta lleva raíz cruda de apio rebanada muy delgada y en juliana. En esta receta se cocina la raíz ligeramente para hacerla más suave.

Para Servir: Para servirla como entrada elegante, haga una cama de hojas pequeñas de espinaca, berro o lechuga morada en platos individuales para ensalada y coloque cucharadas de ensalada sobre el centro.

RINDE 4 PORCIONES

1 raíz de apio grande ó 2 medianas (celeriac), peladas y cortadas en rodajas de 6 mm (¼ in) de grueso (*vea explicación a la izquierda*)

Sal

2 cucharadas de jugo de limón fresco

1 taza (250 ml/ 8 fl oz de mayonesa, de preferencia hecha en casa (página 111)

2 a 3 cucharadas de mostaza Dijon

PREPARANDO RAÍZ DE APIO

También llamada celeriac, la raíz de apio tiene un sabor más fuerte y picante que su pariente el apio. Tiene una cáscara dura de color café oscuro cubierta con raíces vellosas y otras raíces más carnosas en su base. Para retirar la cáscara use un cuchillo filoso pelándolo como pelaría una manzana. Al igual que una manzana, la pulpa de la raíz de apio se decolora al exponerla al aire. Una vez que la haya pelado, debe sumergirla en agua agregando un poco de jugo de limón o vinagre, a menos que la vaya a usar inmediatamente.

ENSALADA CAPRESE

8 jitomates maduros, rebanados

500 g (1 lb) de queso mozzarella fresco, finamente rebanado

½ taza (15 g/½ oz) de hojas de albahaca fresca

¼ taza (60 ml/2 fl oz) de aceite de oliva extra virgen

Sal, de preferencia sal de mar, y pimienta recién molida

Sobre un platón alterne rebanadas de jitomate y mozzarella. Adorne generosamente con hojas de albahaca, colocando algunas debajo de los jitomates. Rocíe con el aceite de oliva y espolvoree con ½ cucharadita de sal y pimienta. Sirva de inmediato.

Nota: Algunas recetas para ensalada caprese *agregan otras hierbas y hasta alcaparras, pero la versión original se basa sólo en cuatro ingredientes perfectos: jitomates maduros, mozzarela fresco, albahaca verde brillante y aceite de oliva frutado. Use únicamente jitomates muy maduros, ya que su jugo se mezcla con el aceite de oliva para hacer el aderezo. Es importante que el aceite sea de la mejor calidad, porque la diferencia entre un aceite de oliva cualquiera y uno de buena calidad se notará en esta receta.*

Para Servir: Esta ensalada también puede presentarse como un antipasto o botana. Use jitomates pequeños (Roma), cubriéndolos con una rebanada de queso mozzarella fresco y una hoja de albahaca.

RINDE DE 4 A 6 PORCIONES

MOZZARELLA FRESCO

Esta ensalada clásica de la isla de Capri, al sur de la costa de Italia cerca de Nápoles, está hecha con queso mozzarella fresco, uno de los quesos más conocidos en ese país. Suave y con textura esponjosa, se vende empacado en su líquido en los supermercados bien surtidos, tiendas especialistas en queso y tiendas de abarrotes Italianas. El mozzarella fresco se hacía tradicionalmente de leche de búfala , pero también se hace de leche de vaca tanto fuera de Italia como dentro.

AMBROSÍA

Corte las rebanadas de piña en cubos de 12 mm (½ in), recuperando la mayor cantidad de jugo. Coloque los cubos y jugo en un tazón.

Corte una rebanada de la parte superior e inferior de 1 naranja, y colóquela verticalmente. Siguiendo el contorno de la fruta, rebane la cáscara y piel blanca en tiras gruesas. Deteniendo la fruta sobre un tazón, corte cuidadosamente a lo largo de cada lado de las membranas entre los gajos, dejando caer cada gajo y su jugo dentro del tazón. Corte cada gajo a la mitad a lo ancho, recuperando una vez más la mayor cantidad de jugo y colocándolo en el tazón. Repita con las 4 naranjas restantes.

Agregue las rebanadas de plátano al tazón y rocíe con el jugo de limón y el Cointreau, si lo usa, sobre la fruta. Esparza el coco y uvas sobre los plátanos y mezcle cuidadosamente. Tape y refrigere por lo menos durante 1 hora o hasta 12 horas antes de servir.

Pase a una ensaladera o tazones individuales y sirva bien frío.

Variación: Algunas veces se agregan malvaviscos miniatura o cerezas en marrasquino a esta ensalada. Si agrega malvaviscos, mézclelos cuidadosamente con la ensalada justo antes de servir. Si agrega cerezas, úselas como aderezo de último momento ya que si lo hace antes se mancharán la otra fruta y el coco.

RINDE DE 6 A 8 PORCIONES

PREPARANDO LA PIÑA

Para pelar y quitar el corazón a una piña, primero corte la corona de hojas y la orilla de abajo. Coloque la piña verticalmente sobre uno de sus lados y pele la cáscara, cortando hacia abajo, justo por debajo de la superficie, en tiras verticales largas y dejando los pequeños ojos de color café sobre la fruta. Coloque la piña sobre uno de sus lados. Poniendo un cuchillo en línea recta a las filas diagonales de ojos, corte surcos poco profundos siguiendo un patrón espiral para retirar todos los ojos. Corte la piña a lo ancho en rodajas de 12 mm (½ in) de grueso y retire el centro fibroso del corazón con un cuchillo o cortador pequeño para galletas.

½ piña, pelada, rebanada a lo ancho y descorazonada (*vea explicación a la izquierda*)

5 naranjas navel o naranja Veracruz

3 plátanos, pelados y cortados en rebanadas de 6 mm (¼ in) de grueso

1 cucharada de jugo de limón fresco

2 cucharaditas de Cointreau u otro licor de naranja (opcional)

1/2 taza (60 g/2 oz) de coco dulce, seco y rallado

1 taza (185 g/6 oz) de uvas sin semilla, verde o roja o una mezcla de ellas

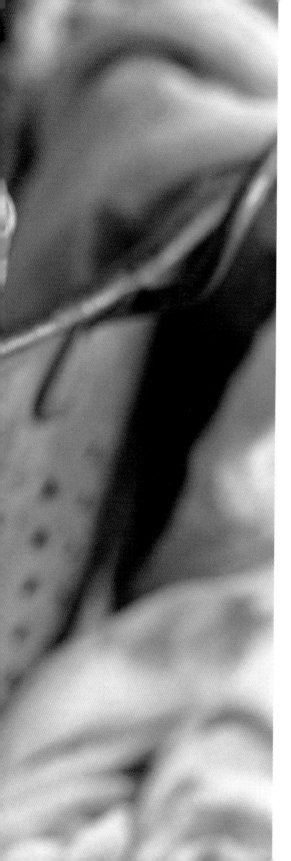

PRIMAVERA

La primavera es la estación de los brotes nuevos después del sueño de invierno. Las hojas son exquisitas y delicadas, los brotes dulces y suculentos. Durante estos meses, las ensaladas ligeras que usan los sabores vivos de ingredientes frescos de temporada son tentadoras y fáciles de hacer. Los aderezos deben ser moderados, incorporando hierbas, cítricos y ajo, permitiendo que resplandezcan los sabores de la temporada.

ENSALADA DE HIERBAS VERDES CON VINAGRETA DE CHAMPAÑA

En una ensaladera, combine el aceite de oliva y el chalote. Agregue el vinagre, ¼ cucharadita de sal y ¼ cucharadita de pimienta y mezcle con un tenedor. Cubra con la lechuga, perejil, cilantro y pastinaca.

Cuando vaya a servir, mezcle bien. Coloque la ensalada en tazones o platos individuales.

Preparación por Adelantado: La ensalada con el aderezo puede reposar durante 30 minutos antes de mezclarse.

Variación: Para enriquecer el aderezo, agregue un poco de queso Maytag, Stilton, Gorgonzola u otro queso azul al vinagre aplastándolo toscamente con un tenedor. Sirva la ensalada acompañada con una tira de queso y algunas nueces después del primer plato.

RINDE 4 PORCIONES

ENSALADAS DE HIERBAS

En muchos países del Mediterráneo las hierbas frescas se usan principalmente como ingredientes de ensaladas. Las hierbas son apreciadas por el sabor complejo y refrescante que le dan a las ensaladas. El perejil, cilantro (coriandro fresco), pastinaca fresca, arúgula y menta se usan comúnmente en ensaladas. El orégano fresco y el tomillo pueden usarse en menores cantidades. Usted puede usar una sola hierba o una mezcla de ellas. No use hierbas con tallos duros como el romero o la salvia.

¼ taza (60 ml/2 fl oz) de aceite de oliva extra virgen

1 cucharada de chalote picado

2 cucharadas de vinagre de Champaña

Sal y pimienta recién molida

1 cabeza grande de lechuga francesa (Boston), separando sus hojas y picando en trozos del tamaño de un bocado

1 taza (30 g/1 oz) de perejil fresco (italiano)

½ taza (15 g/½ oz) de hojas de cilantro fresco (coriander)

½ taza (15 g/½ oz) de tallos de pastinaca (chevril)

ESPÁRRAGOS Y SALMÓN AHUMADO
CON CREMA DE ESTRAGÓN

Para hacer la crema de estragón, ponga la crema en un tazón pequeño e integre el vinagre de sidra, 1 cucharadita de jugo de limón, ¼ cucharadita de sal, ¼ cucharadita de pimienta y el estragón. Reserve. La crema se cuajará y espesará en 4 ó 5 minutos.

Acomode los espárragos en una canasta para cocinar al vapor sobre agua hirviendo. Tape y cocine de 3 a 4 minutos hasta que estén suaves y se puedan morder. Páselos a una coladera y enjuague inmediatamente bajo el chorro de agua fría para detener su cocimiento y mantener su color verde brillante. Rebane diagonalmente en trozos de 12 mm (½ in) de grueso, dejando algunos enteros si lo desea. Reserve.

Acomode el salmón en un platón o platos individuales. Rocíe uniformemente con la 1½ cucharadas de jugo de limón. Cubra con los espárragos, adorne con las ramas de estragón y acompañe con la crema de estragón.

Preparación por Adelantado: Se puede enfriar la crema de estragón y espárragos antes de servir.

Variación: La crema de estragón también es excelente para acompañar ejotes o rebanadas de jitomate a temperatura ambiente. O, si lo desea, puede sustituir el estragón con algunas hiervas verdes como la pastinaca, eneldo o perejil.

RINDE 4 PORCIONES

RECORTANDO ESPÁRRAGOS

Para obtener el mejor sabor y textura de los espárragos, doble la base del espárrago hasta que se rompa de forma natural. Se romperá exactamente donde empieza la porción fibrosa que no es comestible. Para emparejar todos los espárragos al mismo tamaño, recórtelos con un cuchillo después de haber roto las bases. Si tienen piel gruesa y fibrosa (compruebe al darle una pequeña mordida), pélelos hasta 2.5 cm (1 in) de la punta.

HABAS, EJOTES VERDES, CHÍCHAROS Y LISTONES DE CALABACITAS

PREPARANDO HABAS

Antes de cocinar habas frescas
se deben desvainar o retirar de
la vaina. A menos que las hayan
cosechado al estar muy tiernas
y pequeñas, la piel que cubre
cada semilla es gruesa y dura y
debe pelarse antes de comer.
Para retirar la cáscara, ponga las
semillas desvainadas en agua
hirviendo, escurra y deje enfriar.
Usando un cuchillo pequeño,
pique la piel de cada semilla en
la punta pegada a la vaina y
apriete suavemente. La semilla
saldrá de su cáscara.

En un cazo hierva tres cuartas partes de agua sobre calor medio alto y agregue ½ cucharadita de sal y las habas. Hierva aproximadamente 6 minutos, hasta suavizar. No sobre cueza. Escurra y enjuague con agua fría para detener el cocimiento. Escurra una vez más y desvaine (*vea explicación a la izquierda*). Reserve.

Mientras tanto, coloque una olla con tres cuartas partes de agua sobre calor medio alto, agregue ¼ cucharadita de sal y los chícharos. Hierva de 3 a 5 minutos, hasta suavizar. Al igual que con las habas no sobre cueza. Escurra y enjuague con agua fría para detener el cocimiento. Escurra una vez más y reserve.

Acomode los ejotes en una canasta para cocinar al vapor y coloque sobre agua hirviendo. Tape y cocine aproximadamente 3 minutos hasta suavizar. Levante la canasta y enjuague con agua fría para detener el cocimiento. Escurra y reserve.

Usando un pelador de vegetales, pele las calabacitas y corte la pulpa de la calabacita en listones largos tan delgados como el fettuccini. Reserve.

En un tazón combine el ajo con ½ cucharadita de sal. Usando un tenedor, aplaste formando una pasta. Una vez más use el tenedor e integre el aceite de oliva, el jugo de limón y ½ cucharadita de pimienta. Vierta esta mezcla en un tazón grande y agregue las habas, chícharos, ejotes, listones de calabacita y albahaca. Mezcle hasta cubrir bien, tape y refrigere por lo menos 1½ o hasta 5 horas.

Reserve 4 ó 5 filetes de anchoa. Para servir mezcle los filetes restantes con los vegetales. Pase la mezcla a un platón o ensaladera y adorne con los filetes reservados. Reparta las lajas de parmesano sobre los vegetales. Sirva de inmediato.

RINDE 4 PORCIONES

Sal y pimienta recién molida

1 kg (2 lb) de habas verdes (grandes) peladas

500 g (1 lb) de chícharos ingleses pelados

250 g (1/2 lb) de ejotes verdes delgados, como judías verdes (haricots verts) o Blue Lakes pequeños recortados

4 calabacitas (courgettes) aproximadamente 500 g (1 lb) en total

2 dientes de ajo

⅓ taza (80 ml/3 fl oz) de aceite de oliva extra virgen

3 cucharadas de jugo de limón fresco

⅓ taza (15 g/½ oz) de hojas de albahaca fresca en juliana

15 filetes de anchoa

½ taza (60 g/2 oz) de lajas de queso parmesano

ENSALADA DE POLLO, AGUACATE Y MANGO

3 mitades de pechuga de pollo con hueso, aproximadamente 1 kg (2 lb) en total

Sal y pimienta recién molida

5 cucharadas (80 ml/3 fl oz) de jugo de limón sin semilla fresco

1 cucharada de jengibre fresco pelado y picado

2 cucharaditas de aceite de semilla de uva u otro aceite ligero

3 cucharadas de cilantro fresco picado, más 1 taza (30 g/1 oz) de hojas enteras

4 a 5 tazas copeteadas (aproximadamente 185 g/6 oz) de hojas de lechuga en trozos como hojas rojas, hoja de roble (oak leaf) o una mezcla de ellas (del tamaño de un bocado)

3 mangos, pelados y rebanados

2 aguacates, sin hueso, pelados y rebanados

2 cucharadas de cebolla morada picada más algunas rebanadas delgadas

Precaliente el horno a 180ºC (350ºF). Frote la pechuga de pollo con ½ cucharadita de sal y ½ cucharadita de pimienta y coloque sobre una charola de hornear, con la piel hacia arriba. Ase de 40 a 50 minutos, hasta que la piel esté crujiente y la carne esté totalmente cocida pero aún tierna. Retire del horno y deje reposar hasta que esté lo suficientemente fría para poder manejarse, retire la piel y deseche. Retire la carne de pollo de los huesos y corte en trozos del tamaño de un bocado, reserve.

En un tazón grande, mezcle 2 cucharadas del jugo de limón, el jengibre, ¼ cucharadita de sal, el aceite y 1 cucharada del cilantro picado. Agregue la taza entera de hojas de cilantro y la lechuga y mezcle con el aderezo.

Acomode sobre un platón y distribuya las rebanadas de mango uniformemente sobre las hojas. Rocíe con 1 cucharada del jugo de limón. Acomode el pollo y las rebanadas de aguacate. Rocíe con las 2 cucharadas restantes de jugo de limón. Adorne con las 2 cucharadas restantes de cilantro picado y cebolla morada. Sirva de inmediato.

Preparación por Adelantado: El pollo se puede cocer, enfriar y cortar en trozos 1 día antes de servir. Tape y refrigere. Saque del refrigerador y, cuando esté a temperatura ambiente, combine con los demás ingredientes de la ensalada.

Variación: Para hacer una versión de esta ensalada para servir como desayuno, sustituya el pollo por melón rebanado y sirva la ensalada acompañando con tostadas de pan cubiertas de jalea de frutas tropicales.

RINDE DE 4 A 5 PORCIONES

ESCOGIENDO LIMONES

El limón sin semilla es pariente cercano del limón agrio, pero tiene un sabor más dulce que realza el sabor de otras frutas incluyendo melones, nectarinas, duraznos y ciruelas, así como los mangos y aguacates que se usan en esta receta. Las dos variedades de limón más comúnmente conocidas son el limón verde de Persia y el limón agrio que es ligeramente más pequeño, también llamado limón mexicano. Cualquiera de estas variedades podrá usarse en esta receta. Los limones están maduros cuando pueden presionarse ligeramente y su cáscara despide un aromático olor fuerte cuando se le rasca con una uña.

ESPINACA MINIATURA
CON VIEIRAS GLASEADAS CON JENGIBRE

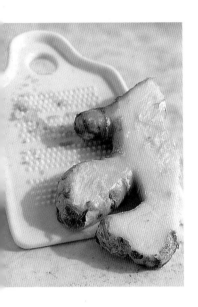

En un cazo pequeño que no contenga aluminio, combine el chalote picado y el jugo de toronja y deje reposar 10 minutos. Agregue los jugos de limón y coloque sobre una sartén a calor medio alto. Hierva y cocine de 1 a 2 minutos, hasta que se reduzca el líquido (125 ml/4 fl oz). Retire del calor e integre 1½ cucharaditas del aceite y ¼ cucharadita de sal. Coloque el aderezo por separado.

En un tazón pequeño o en una taza mezcle la salsa de soya con el jengibre, miel y mostaza para hacer una salsa para glasear y reserve.

Justo antes de empezar a cocinar las vieiras, coloque la espinaca en un tazón y cubra con el aderezo. Mezcle. Divida la espinaca aderezada entre los platos individuales para ensalada.

En una sartén para freír lo suficientemente grande para dar cabida a todas las vieiras en una sola capa, sin amontonar, caliente las 2½ cucharadas restantes de aceite sobre calor medio alto. Cuando aún esté caliente, agregue las vieiras y selle, volteando una sola vez, hasta dorar, aproximadamente 30 segundos de cada lado. Agregue la mezcla de salsa de soya, reduzca el calor a bajo y mueva las vieiras dentro de la salsa aproximadamente durante 45 segundos. Quedarán glaseadas y de un tono café caoba oscura.

Divida las vieiras entre los platos, colocándolas sobre las espinacas. Bañe con toda la salsa que quede en la sartén Sirva de inmediato.

Para Servir: La toronja y las vieiras hacen una combinación excelente. Perfeccione esta combinación al agregar algunos trozos de toronja cuidadosamente pelados a cada plato. Adorne con ralladura de cáscara de toronja o rebanadas de limón.

RINDE 4 PORCIONES

USANDO JENGIBRE FRESCO

Busque jengibre fresco que se sienta pesado y no tenga arrugas ni señas de envejecimiento. Para prepararlo, use un pelador de vegetales o cuchillo mondador y retire la cáscara de color beige. Una vez pelado, a menudo se ralla para obtener su sabor sin la textura fibrosa. Los ralladores de porcelana, diseñados especialmente para rallar jengibre, que permiten usar el jugo y la pulpa aromática sin las fibras duras, se venden en los mercados asiáticos y tiendas especialistas en artículos de cocina. O, si desea, use las raspas pequeñas de un rallador metálico.

1 cucharada de chalote picado

½ taza (125 ml/4 fl oz) de jugo de toronja fresco

1½ cucharadas de jugo de limón sin semilla fresco

1½ cucharadita de jugo de limón agrio

4 cucharaditas de aceite de semilla de uva, de colza u otro aceite ligero

Sal

2½ cucharadas de salsa de soya

1½ cucharadas de jengibre fresco pelado y rallado (*vea explicación a la izquierda*)

1½ cucharaditas de miel

½ cucharadita de mostaza Dijon

375 g (¾ lb) de hojas de espinaca miniatura

8 vieiras (callos), aproximadamente 250 g (½ lb) en total

ALCACHOFAS CON
RELLENO DE PAN Y JITOMATE

4 alcachofas medianas o grandes, recortadas (*vea explicación a la derecha*)

4 tazas (250 g/8 oz) de pan duro rallado

½ taza (125 ml/4 fl oz) de vinagre de vino tinto o al gusto

¼ taza (60 ml/2 fl oz) de agua

¼ taza (60 ml/2 fl oz) de aceite de oliva, o al gusto

4 jitomates, pelados y sin semillas (página 115), finamente picados

1 taza (45 g/1½ oz) de perejil fresco (italiano) picado, más algunas ramas para adornar

½ taza (125 g/4 oz) de alcaparras, enjuagadas y picadas

Sal y pimienta recién molida

Coloque las alcachofas sobre una rejilla para cocer al vapor sobre agua hirviendo, tape y vaporice de 30 a 40 minutos, hasta poder picar fácilmente con un tenedor la base de una alcachofa. Retire de la sartén y coloque boca a bajo para escurrir y enfriar.

Mientras tanto, coloque el pan en un tazón y agregue la mitad del vinagre y la mitad del agua. Deje remojar, volteando de vez en cuando hasta que el pan absorba el líquido y quede lo suficientemente húmedo para formar migas entre sus dedos. Entre más seco y duro esté el pan, necesitará más líquido, por lo que debe agregar tanto vinagre y agua como sea necesario. Cuando haya absorbido suficiente líquido, forme migas con el pan. Agregue ¼ taza de aceite de oliva, jitomates, perejil picado, alcaparras, 1 cucharadita de sal y ½ cucharadita de pimienta y mezcle. El relleno debe estar suficientemente húmedo. Si es necesario, agregue un poco más de aceite, vinagre u otro sazonador al gusto.

Para rellenar cada alcachofa, separe cuidadosamente las hojas interiores. Usando una cuchara de metal, retire las pequeñas hojas interiores de color pálido y los cabellos del centro para hacer un hueco. Llene el hueco con un poco del relleno, presionándolo ligeramente. Ahora separe suavemente las hojas exteriores y, usando una cucharita y las yemas de sus dedos, ponga un poco de relleno en la base de cada fila de hojas. Coloque la alcachofa sobre un platón y repita con el resto de las alcachofas.

Tape con plástico adherente y refrigere por lo menos 4 horas o hasta 12 horas antes de servir. Pase a platos individuales y sierva frías, adornando con ramas de perejil.

RINDE 4 PORCIONES

RECORTANDO ALCACHOFAS

A medida que recorte las alcachofas, use agua acidulada para prevenir que sus puntas cortadas se tornen grises al exponerlas al aire. Agregue el jugo de 1 limón a un tazón grande de agua. Retire cualquier hoja dura del exterior y recorte el tallo dejándolo parejo con la base. Corte una tercera parte de la punta con un cuchillo de sierra y, si quedara algún pico, recorte con tijeras de cocina. A medida que vaya recortando cada alcachofa, colóquela en el tazón de agua acidulada para detener la decoloración.

LECHUGAS DE PRIMAVERA
CON QUESO DE CABRA HERVIDO

Precaliente el asador. Forre una sartén para asador con papel aluminio.

Divida el queso en 4 porciones iguales y deles forma de tortitas de 12 mm (½ in) de grueso. Coloque las tortitas sobre la sartén forrada con aluminio y deje reposar.

En un tazón para ensalada mezcle el vinagre con ¼ cucharadita de sal y ½ cucharadita de pimienta. Mientras mezcla, integre lentamente el aceite de oliva para hacer un aderezo espeso. Agregue las hojas verdes y mezcle para cubrir bien. Reparta entre platos individuales y reserve.

Ase las tortitas de queso de cabra a 20 cm (8 in) de la fuente de calor, aproximadamente 4 minutos, hasta que el queso se caliente por completo y su base se suavice.

Retire la sartén del asador y coloque una tortita sobre cada ensalada. Espolvoree finalmente con pimienta y sirva de inmediato.

Nota: En Francia se acostumbra acompañar las ensaladas con queso de cabra caliente, sirviéndolo sobre rebanadas tostadas de pan baguette. También se sirve cubriendo la ensalada con huevo poché acompañando con el queso de cabra caliente y rebanadas tostadas de pan baguette

RINDE 4 PORCIONES

155 g (5 oz) de queso de cabra fresco

1½ cucharadas de vinagre de vino tinto

Sal y pimienta finamente rallada

3 cucharadas de aceite de oliva extra virgen

250 a 315 g (8-10 oz) de hojas tiernas para ensalada verde picadas

VARIEDADES DE QUESOS DE CABRA

El queso de cabra, una especialidad desde hace mucho tiempo de los fabricantes de quesos franceses, se vende en diferentes variedades, desde los recién hechos y muy suaves hasta los que llevan varios meses de fabricación y son muy duros. A medida que el queso se sazona, su sabor se hace más fuerte y pronunciado. Los quesos de cabra frescos y suaves se venden estilo tommes, en ruedas pequeñas o medianas, en forma de pirámide, bolas o troncos. Pueden estar sazonados con hierbas, pimienta o nueces o pueden estar cubiertos de ceniza. El queso de cabra firme y curado generalmente viene en tomme.

VERANO

Las ensaladas de verano son un conjunto generoso de vegetales y frutas llenos de color cuyo sabor delicioso se ha intensificado bajo el fuerte calor del sol. Las ensaladas de clima cálido requieren de poco cocimiento y pueden ser tan fáciles como colocar rebanadas de vegetales maduros y aderezarlos con un aceite de oliva frutado y un rocío de vinagre balsámico y adornar con unas cuantas aceitunas o alcaparras que proporcionan un contrapunto ácido.

ENSALADA GRIEGA
DE JITOMATES CEREZA

Retire las semillas de los pimientos y córtelos en trozos de 2.5 cm (1 in). Quite el tallo a los jitomates cereza. Parta la mitad de los jitomates a la mitad dejando el resto enteros. Pele y rebane los pepinos en rebanadas gruesas y las cebollas moradas en rebanadas delgadas. Corte el queso feta en cubos de 2.5 cm (1 in). Aplaste y pique el diente de ajo.

En un tazón grande, combine los pimientos, jitomates, pepinos, cebolla, queso feta, aceitunas, anchoas (si las usa) y alcaparras y mezcle.

En un tazón pequeño mezcle el vinagre, ajo, eneldo, orégano, ½ cucharadita de sal y ½ cucharadita de pimienta. Mientras mezcla, integre lentamente el aceite de oliva para hacer un aderezo espeso. Vierta el aderezo sobre la ensalada, mezcle y sirva.

Variación: Para darle una presentación más formal, acomode sobre un platón los pimientos, jitomates, pepinos, cebolla, queso feta, aceitunas y anchoas (sí las usa). Distribuya las alcaparras sobre los ingredientes y vierta el aderezo sobre la ensalada. O, si desea, use rodajas de jitomate grande en lugar de los jitomates cereza. Acomode el platón con hojas de lechuga o de espinacas haciendo una cama para los demás ingredientes.

RINDE 8 PORCIONES

ELIGIENDO ACEITE DE OLIVA

Todos los países del Mediterráneo son productores y cada país, aun cada región dentro de un país, tiene su propio estilo de aceite. Los aceites de Grecia tienden a ser sazonados , pero suaves. Los aceites de la Toscana son más picantes, mientras que los sicilianos son "grandiosos" y tienen sabor terroso. Los aceites de oliva de la costa sur de Francia son más cremosos. Siempre que le sea posible, elija aceites que combinen con el estilo de un platillo, usando aceites más suaves y ligeros para ensaladas, vegetales o pescados delicados. Los aceites de oliva con más cuerpo combinan bien con vegetales más duros, anchoas, ajo, leguminosas de color verde oscuro o carnes rojas.

2 pimientos rojos (capsicums)

1 pimiento verde (capsicum)

2 tazas (375 g/12 oz) de jitomates cereza

2 pepinos

2 cebollas moradas

250 g (½ lb) de queso feta

1 diente de ajo

3/4 taza (125 g/4 oz) de aceitunas Kalamata

6 filetes de anchoa (opcional)

2 cucharadas de alcaparras, enjuagadas

¼ taza (60 ml/2 fl oz) de vinagre de vino tinto

2 cucharadas de eneldo fresco picado

1 cucharadita de orégano seco

Sal y pimienta recién molida

⅓ taza (80 ml/3 fl oz) de aceite de oliva extra virgen frutado

TABBOULEH

2 tazas (500 ml/16 fl oz) de agua

Sal y pimienta recién molida

8 cucharaditas de aceite de oliva extra virgen

1²/₃ taza (315 g/10 oz) de bulgur

¼ taza (60 ml/2 fl oz) de jugo de limón fresco

1 taza (45 g/1½ oz) de menta fresca picada

1 taza (45 g/1½ oz) de perejil fresco (italiano) picado

2 jitomates, sin semillas y en dados

1 pepino, pelado, sin semillas y picado

¼ taza (30 g/1 oz) de cebolla morada picada

En un cazo sobre temperatura alta, combine el agua, ½ cucharadita de sal y 4 cucharaditas de aceite de oliva y hierva. Coloque el bulgur en un refractario y vierta en él la mezcla hirviendo. Deje reposar, destapado, aproximadamente 1 hora hasta que esté suave.

En un tazón grande, incorpore las 4 cucharadas restantes de aceite de oliva, el jugo de limón, ½ cucharadita de sal y ½ cucharadita de pimienta. Agregue el bulgur y mezcle hasta cubrir por completo. Agregue la menta, perejil, jitomate, pepino y cebolla y mezcle una vez más.

Tape y refrigere durante 2 horas para dejar que se mezclen los sabores. Sirva frío.

Para Servir: Para lograr una presentación elegante, ahueque mitades de jitomate, llene con tabbouleh y coloque sobre hojas de lechuga. Adorne con aceitunas negras curadas en aceite.

RINDE DE 6 A 8 PORCIONES

ENSALADAS DE GRANOS

Las ensaladas, como esta ensalada tradicional de Líbano que contiene bulgur, pueden basarse en una gran variedad de granos, incluyendo (fotografía superior, de izquierda a derecha como las manecillas del reloj) cebada, bulgur o mijo. Una vez cocidos y fríos, su sabor suave y textura firme combina bien con otros sabores; como aderezos de jugos cítricos, vinagre, salsa de soya y aceite de oliva, nuez o alguna semilla. Virtualmente cualquier vegetal o fruta puede usarse en ensaladas de granos y se les puede agregar también carne o pescado. Estas ensaladas, ligeras pero sustanciosas son la cena perfecta para una noche calurosa de verano.

ENSALADA DE JITOMATE Y PAN CON TROZOS DE POLLO FRITO

Precaliente el horno a 200ºC (400ºF). Distribuya los cubos de pan sobre una charola para hornear y rocíe con 2 cucharadas del aceite de oliva. Hornee aproximadamente 15 minutos, volteando una vez, hasta dorar ligeramente. Retire de la charola, deje enfriar y frote con los 2 dientes de ajo con cáscara. Reserve.

En un tazón grande, combine los jitomates, ajo picado, las 3 cucharadas restantes de aceite de oliva, vinagre, ½ cucharadita de sal y ½ cucharadita de pimienta. Mezcle.

Para preparar los trozos de pollo, distribuya las migas de pan sobre papel encerado o sobre un plato. Empanice los trozos de pollo, poco a poco cubriendo uniformemente, reserve.

Vierta aceite vegetal en una sartén para freír hasta obtener una profundidad de 5 cm (2 in) y caliente hasta registrar 190ºC (375ºF) en un termómetro para freír. Cuando el aceite esté caliente, agregue los trozos de pollo y fría aproximadamente 4 minutos, volteándolos según se necesite, hasta que se doren y opaquen totalmente. Usando una cuchara ranurada o espumadera, páselos a toallas para escurrir brevemente.

Agregue los trozos calientes de pollo, cubos de pan y albahaca al tazón de los jitomates y mezcle para distribuir uniformemente todos los ingredientes. Sirva de inmediato.

RINDE DE 4 A 5 PORCIONES

CUBOS DE PAN SECO

Para hacer cubos de pan seco, corte restos de pan duro o pan baguette en cubos de 2.5 cm (1 in) antes de que se endurezca. (Si ya está seco se romperá en piezas irregulares cuando trate de cortarlo.) Deje reposar los cubos un día o dos más. Para hacer migas de pan seco, deje secar cualquier pan viejo durante varios días o póngalo en el horno a 95ºC (200ºF) durante 1 hora. Rompa el pan en trozos del tamaño de un bocado y muela los trozos en la licuadora o procesador de alimentos haciendo migas pequeñas.

3 tazas (185 g/6 oz) de cubos de pan seco (*vea explicación a la izquierda*)

5 cucharadas (80 ml/3 fl oz) de aceite de oliva extra virgen

3 dientes de ajo, 2 con cáscara y 1 aplastado y picado

6 jitomates grandes y maduros, picados grueso

3 cucharadas de vinagre de vino tinto

Sal y pimienta recién molida

PARA LOS TROZOS DE POLLO:

1 taza (125 g/4 oz) de migas de pan seco (*vea explicación a la izquierda*)

3 pechugas de pollo deshuesadas, sin piel, cortadas en cubos de 2.5 cm (1 in)

Aceite vegetal para freír

½ taza (15 g/½ oz) de hojas de albahaca fresca, picadas grueso

EJOTES VERDES DELGADOS EN PESTO

PARA EL PESTO:

3 dientes de ajo

2 tazas (60 g/2 oz) de hojas de albahaca fresca, picadas grueso

¾ taza (90 g/3 oz) de queso parmesano rallado

¼ taza (45 g/1½ oz) de piñones o almendras peladas y tostadas (página 109), más algunas adicionales para adornar

½ taza (125 ml/4 fl oz) de aceite de oliva extra virgen

Sal

625 g (1¼ lb) de ejotes delgados como los haricots verts o Blue Lakes bebés, recortados

Para hacer el pesto, muela en una licuadora o procesador de alimentos pequeño el ajo, albahaca, queso, piñones y aproximadamente 3 cucharadas del aceite de oliva. Muela y haga una pasta. Con el motor encendido, integre el aceite de oliva restante en un chorro lento y constante, agregando únicamente lo suficiente para formar una pasta espesa. Por último, agregue 1 cucharadita de sal. (Si lo desea, puede hacer el pesto de la forma tradicional, usando un mortero y mano, en cuyo caso debe machacar primero el ajo con la sal y después agregar la albahaca, queso y nueces, moliéndolos juntos con la mano del mortero. Por último, lentamente integre el aceite con la mezcla a medida que trabaja con la mano del mortero.) Reserve el pesto.

Coloque los ejotes sobre una rejilla para cocinar al vapor sobre agua hirviendo, cubra la vaporera y vaporice de 3 a 4 minutos, hasta que los ejotes estén suaves. Enjuague de inmediato bajo el chorro de agua fría para detener el cocimiento, escurra y seque.

Acomode los ejotes sobre un platón y cubra con cucharadas de pesto al gusto. Sirva a temperatura ambiente, adornando con las nueces restantes. Si le sobra pesto puede guardarse en el refrigerador. Tape el pesto con una película de aceite de oliva, envuelva el recipiente fuertemente y almacene hasta por 3 días.

Para Servir: Sirva estos ejotes como parte de un antipasto junto con aceitunas negras, papas hervidas aderezadas con aceite de oliva, y pimientos rojos (capsicums) asados y pelados (página 113). Acompañe con una canasta de palitos de pan.

RINDE 4 PORCIONES

PESTO PARA VEGETALES

El pesto genovés es una clásica salsa cruda hecha de albahaca fresca, nueces, ajo, aceite de oliva y queso parmesano. Muchos cocineros piensan que el pesto solo se usa con pasta, pero en Italia (y Provenza, donde se le conoce como pistou) también se usa la salsa sobre vegetales. Pruébela poniendo cucharadas sobre papas, betabeles, zanahorias o coliflor. Los piñones por lo general se usan para espesar la salsa, pero algunas veces se sustituyen por almendras, nueces o incluso migas de pan dándole cada ingrediente un sabor ligeramente diferente y maravilloso a esta receta clásica.

TOSTADAS DE SALSA DE ELOTE Y JITOMATE

Desgrane cada mazorca de maíz (*vea explicación a la izquierda*). En un tazón grande, mezcle los granos de elote con los jitomates, cebolla, cilantro, albahaca, chile, jugo de limón, 1 cucharadita de sal y ½ cucharadita de pimienta. Mezcle.

Vierta aceite de maíz en una sartén para freír hasta una profundidad de 4 cm (1½ in) y caliente hasta registrar 190ºC (375ºF) en un termómetro para freír. Coloque cuidadosamente una tortilla en el aceite caliente y fría volteando una vez, hasta que esté crujiente, aproximadamente 1⅓ minutos de cada lado. Usando unas pinzas, pase la tortilla a toallas de papel para escurrir y enfriar. Repita la misma operación con las 5 tortillas restantes, dejando que el aceite vuelva a los 190ºC (375ºF) antes de freír cada tortilla.

Corte las 3 tortillas restantes en tiras de 12 mm (½ in) de grueso. Agregue las tiras al aceite caliente por tandas. Fría, volteando una o dos veces, hasta que estén crujientes aproximadamente 3 minutos en total. Escurra y enfríe sobre toallas de papel. Espolvoree las tiras uniformemente con sal.

Para servir, coloque las tortillas fritas enteras sobre platos individuales y reparta la salsa de elote uniformemente sobre ellas. Cubra cada porción con varias rebanadas de aguacate, una cucharada de crema agria, un puño de tiras de tortilla y espolvoree de chile en polvo al gusto. Sirva de inmediato.

Variación: Este platillo se puede hacer como botana al cortar las 9 tortillas en cuartos, haciendo 36 triángulos y friéndolos según se indica en la receta. Acomódelas sobre una charola, coloque una cantidad igual de salsa de elote sobre cada triángulo y cubra cada una con una rebanada pequeña de aguacate y un poco de crema agria. O, si desea preparar una entrada ligera para 3 personas, siga las instrucciones en la receta principal y sirva a cada comensal 2 tostadas con salsa.

RINDE 6 PORCIONES

DESGRANANDO ELOTES

Detenga una mazorca de maíz por su punta y póngala verticalmente y un poco inclinada, descansando su tallo dentro de un tazón ancho. Usando un cuchillo filoso, corte a todo lo largo de la mazorca, rebanando de 3 a 4 hileras al mismo tiempo y girando la mazorca después de cada corte. Corte tan cerca de la mazorca como le sea posible. Continúe hasta desgranar por completo.

3 mazorcas de elote blanco, peladas y desgranadas

5 jitomates finamente picados

⅓ taza (60 g/2 oz) de cebolla morada picada

⅓ taza (15 g/½ oz) de cilantro fresco picado

3 cucharadas de albahaca fresca picada

2 cucharadas de chile Anaheim o cualquier otro chile ligeramente picoso

3 limones sin semilla, su jugo

Sal y pimienta recién molida

Aceite de maíz para freír

9 tortillas de maíz

1 aguacate sin hueso, pelado y rebanado

½ taza (125 g/4 oz) de crema agria

Chile en polvo para espolvorear (opcional)

ENSALADA DE CARNE DE RES ASADA ESTILO TAI

2 dientes de ajo picado

2 chiles tai ó 1 chile serrano, picado

⅓ taza (80 ml/3 fl oz) de jugo de limón sin semilla fresco

1 cucharada de agua

1 cucharada de salsa de soya

3 cucharadas de aceite vegetal

1 cucharadita de azúcar mascabado

4 tazas (185 g/6 oz) de hojas de lechuga de hoja verde o morada (del tamaño de un bocado)

1 taza (60 g/2 oz) de germinado de frijol

½ taza (75 g/2½ oz) de zanahoria finamente rallada, de preferencia cortada con una mandolina

½ taza (15 g/½ oz) de hojas de albahaca fresca enteras si son pequeñas y troceadas si son grandes

½ taza (20 g/¾ oz) de menta fresca picada, más algunas ramas

½ taza (15 g/½ oz) de hojas de cilantro fresco

500 g (1 lb) de entrecot de res o tri extremidad

Sal y pimienta recién molida

Prepare una parrilla, o precaliente el asador de su horno. En un tazón pequeño, mezcle el ajo, chiles, jugo de limón, agua, salsa de soya, 2 cucharadas de aceite vegetal y el azúcar mascabado. Reserve.

En un tazón grande, combine la lechuga, germinado, zanahoria, albahaca, menta picada y cilantro; mezcle. Acomode en un platón.

Frote la carne por ambos lados con la cucharada restante de aceite vegetal. Coloque sobre la parrilla o sobre un molde para asar y cocine, volteando una vez, hasta sellar por ambos lados, aproximadamente 1 minuto de cada lado. Pase a una tabla de picar y sazone al gusto con sal y pimienta. Corte en sentido contrario al grano de la carne en tiras de 6 mm (¼ in) de grueso.

Acomode las tiras de carne sobre la mezcla de lechuga y vierta la mezcla de ajo uniformemente para cubrir. Adorne con las ramas de menta si lo desea y sirva caliente.

Variación: Esta ensalada también puede comerse envuelta en una hoja de lechuga. Use 2 tazas (90 g/3 oz) de hojas troceadas y deje 8 ó 10 hojas enteras. Mezcle las hojas troceadas y los demás ingredientes con la mitad de la salsa y ponga el resto de la salsa en un tazón pequeño para remojar. Para comer, coloque una hoja en la palma de su mano y cubra con un poco de ensalada y carne. Doble la hoja alrededor de la ensalada. Doble los lados y enrolle suavemente; coma de su mano, después de remojarla en la salsa restante.

RINDE DE 4 A 6 PORCIONES

CHILES TAI

También llamados chiles pájaro, estos pimientos delgados y picosos se usan en la cocina tai tanto frescos como secos. En el mercado puede encontrar chiles verdes, cuando están inmaduros o chiles rojos, cuando ya están maduros. El picor de los chiles tai es muy fuerte. Cuando prepare estos chiles o cualquier otro, tenga cuidado de no tocar sus ojos o boca; considere usar guantes de hule para proteger sus manos. Las membranas delgadas que tienen los chiles en su interior tienen capsaicin, sustancia que hace que los chiles sean picosos. Las membranas pasan este picor a las semillas, por lo que al retirarlas reducirá el picor.

ENSALADA DE NECTARINA, MELÓN Y ZARZAMORA CON MENTA FRESCA

Parta las nectarinas a la mitad, retire el hueso y rebane delgado. Parta el melón a la mitad, retire las semillas y coloque cada mitad, con su lado cortado hacia abajo sobre una superficie de trabajo. Cuidadosamente corte la cáscara y parta la pulpa en cubos de 2.5 cm (1 in).

En un tazón combine las rebanadas de nectarina con los cubos de melón. Agregue el jugo de limón y suavemente mezcle las frutas con una cuchara grande. Reserve 4 ó 5 zarzamoras y 1 cucharadita de menta. Agregue el resto de zarzamoras y menta a la fruta y una vez más mezcle con cuidado. Adorne con las zarzamoras y menta reservadas y sirva de inmediato.

Para Servir: Para porciones individuales, coloque la mezcla de nectarina con melón en copas de tulipán o tazones pequeños después de agregar el jugo de limón y la mayoría de la menta. Cubra estas porciones individuales con las zarzamoras y menta restante y deje que cada persona mezcle su propia ensalada.

RINDE 4 PORCIONES

3 nectarinas blancas o amarillas

1 melón pequeño

1 cucharada de jugo de limón fresco

1 taza (125 g/4 oz) de zarzamoras

2 cucharadas de hojas de menta fresca en juliana

MANEJANDO
ZARZAMORAS

Las zarzamoras frescas son delicadas y deben manejarse con cuidado. No las lave hasta el momento de usarlas, ya que la exposición prolongada a la humedad hará que se enmohezcan. Enjuague suavemente las zarzamoras, pero no remoje. Si absorben demasiada agua, se harán pegajosas. Manténgalas refrigeradas hasta el momento de usarlas. Si no planea usarlas en 1 ó 2 días, enjuáguelas, séquelas totalmente y congélelas hasta por 8 meses.

OTOÑO

Con la llegada de los días más frescos del otoño, las ensaladas cambian su aspecto, dirigiéndose hacia combinaciones calientes de frutas y vegetales más fuertes. Aderezos más sazonados, realzados por ingredientes más sabrosos como quesos añejados, vinagres llenos de sabor y miel, marcan el cambio de estación dejando atrás la mano ligera del verano.

PÉRSIMO, POLLO GLASEADO CON MIEL Y HORTALIZAS PICANTES

Precaliente el horno a 180ºC (350ºF). En un tazón pequeño, mezcle las 2 cucharadas de miel, salsa de ostión y jugo de limón y deje reposar para que se mezclen los sabores.

En otro tazón pequeño mezcle la cucharada restante de miel, el vinagre, aceite de cacahuate y aceite de ajonjolí. Reserve.

Frote las pechugas de pollo con sal y pimienta al gusto y coloque, con la piel hacia abajo, sobre una charola de hornear. Ase aproximadamente 30 minutos. Retire del horno, quite y deseche la piel. Con la carne del pollo hacia arriba, barnice las pechugas con la mezcla de salsa de ostión y miel; continúe cociendo, barnizando varias veces más con la salsa de la sartén, aproximadamente 15 minutos más, hasta que el pollo esté totalmente opaco. Retire del horno, voltee las piezas de pollo hacia abajo dentro del jugo de la sartén y reserve.

Ponga la col, bok choy, berro, zanahoria y cilantro picado en un tazón. Bañe con la mezcla de miel con vinagre, cubriendo uniformemente. Reserve 4 ó 5 rebanadas de pérsimo agregue las demás rebanadas a los vegetales, y voltee una vez más.

Retire la carne de pollo de los huesos y rebane en cubos del tamaño de un bocado. Póngalos en el tazón, mezclando para distribuir uniformemente. Coloque en un platón con ayuda de una cuchara. Adorne con las rebanadas reservadas de pérsimo y las ramas de cilantro. Sirva de inmediato.

Variación: En lugar de usar col Napa que es ligeramente fuerte, use una cabeza de col normal o haga una mezcla de las dos.

RINDE 6 PORCIONES

2 cucharadas más

1 cucharadita de miel

1 cucharadita de salsa de ostión

1 cucharadita de jugo de limón fresco

½ **taza (125 ml/4 fl oz) de** vinagre de arroz

2 cucharaditas de aceite de cacahuate

¼ cucharadita de aceite de ajonjolí asiático

3 pechugas de pollo deshuesadas y partidas en mitades

Sal y pimienta

½ cabeza de col Napa rebanada

2 baby bok choy, recortadas y rebanadas a lo largo

1 taza (30 g/1 oz) de hojas de berro o mostaza asiática roja (sin tallos duros)

⅓ taza (45 g/1½ oz) de zanahoria rallada

¼ taza (10 g/⅓ oz) de cilantro fresco picado, más algunas ramas

3 pérsimos Fuyu, sin huesos y rebanados delgado

HONGOS E HINOJO CON FRITOS DE PARMESANO

60 g (2 oz) de queso parmesano en trozo

1½ bulbos de hinojo pequeños o medianos

250 g (½ lb) de hongos cremini o champiñones frescos y firmes, cepillados (vea Nota)

3 cucharadas de jugo de limón fresco

3 cucharadas de aceite de oliva extra virgen

Sal y pimienta recién molida

4 cucharadas (10 g/⅓ oz) de perejil fresco (italiano) picado

4 tazas (125 g/4 oz) de mezcla de hojas suaves de lechuga

Precaliente el asador. Forre una charola para hornear con papel encerado (para hornear). Usando un cuchillo filoso o una mandolina, rebane el queso muy delgado (*vea explicación a la derecha*). Acomode las rebanadas de queso en una sola capa sobre la charola preparada para hornear. Coloque bajo el asador aproximadamente a 15 cm (6 in) de la fuente de calor. Ase de 6 a 8 minutos, hasta que las rebanadas de queso estén crujientes y ligeramente doradas, como si fueran papas fritas. No deberán estar flexibles y deben despegarse fácilmente de la charola para hornear. Reserve.

Recorte las bases y tallos del hinojo, al igual que cualquier punto café que tenga. Usando un cuchillo filoso o una mandolina, corte el hinojo a lo largo en rebanadas muy delgadas. Reserve. Una vez más, usando un cuchillo filoso o una mandolina, corte los hongos a lo largo en rebanadas muy delgadas.

Coloque el hinojo y los champiñones en un tazón. Agregue el jugo de limón, aceite de oliva, ½ cucharadita de sal, 1 cucharadita de pimienta y 3 cucharadas de perejil. Mezcle para cubrir.

Forre un platón con la lechuga. Ponga cucharadas de la mezcla de hinojo sobre las hojas de lechuga, espolvoree con la cucharada restante de perejil y rodee con fritos de queso parmesano. Sirva de inmediato.

Nota: los hongos para esta receta deben estar muy frescos y bien cerrados, con ninguna magulladura.

Variación: Puede sustituir el hinojo de esta receta por apio finamente rebanado. Al igual que el hinojo, el apio tiene un sabor crujiente y limpio. También se le pueden agregar algunos filetes de anchoa.

RINDE 4 PORCIONES

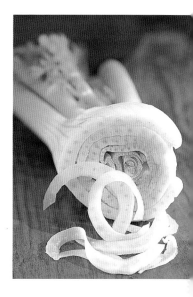

REBANANDO DELGADO

Con la práctica puede hacer rebanadas tan delgadas como papel con ayuda de un cuchillo muy filoso. Detenga el vegetal con las puntas de sus dedos, doblando ligeramente para mantenerlas alejadas de la cuchilla. Sin embargo, para hacer rebanadas muy delgadas con facilidad, use una mandolina francesa de acero inoxidable, una herramienta firme con cuchilla ajustable. Muchos modelos tienen dos cuchillas, una de sierra y otra recta e incluyen una guarda manual para protección adicional. Otra opción son los rebanadores o ralladores asiáticos que tienen un diseño similar, y generalmente son de plástico.

MANZANAS Y NUECES CON QUESO STILTON

Coloque una tercera parte del queso en la parte inferior de un tazón grande. Agregue el aceite de oliva y, usando un tenedor, aplaste el queso con el aceite. Agregue el vinagre y continúe aplastando y mezclando. Agregue la crema y 1 cucharadita de pimienta y mezcle para hacer un aderezo espeso y grumoso.

Agregue las manzanas, rebanadas de apio, pasitas y jugo de limón al aderezo y mezcle. Desmenuce el resto de queso y repártalo sobre la ensalada junto con la mitad de las nueces. Mezcle con la ensalada cuidadosa y uniformemente.

Pase la ensalada a una ensaladera y adorne con las nueces restantes y hojas de apio. Sirva de inmediato.

RINDE 6 PORCIONES

COMBINANDO NUECES

Esta ensalada toma ventaja de dos combinaciones clásicas: nueces con queso Stilton y nueces con manzanas. Las peras también combinan bien con las nueces, por lo que si encuentra peras apetitosas en el mercado, como la pera Bosc, Bartlett roja (de William), o Anjou, puede usarlas sustituyendo las manzanas. Otros quesos azules como el Maytag, Bleu d'Auvergne o azul danés pueden sustituir al Stilton.

185 g (6 oz) de queso Stilton

1 cucharada de aceite de oliva extra virgen

1 cucharada de vinagre de vino tinto

2 cucharadas de crema espesa (doble)

Pimienta recién molida

6 manzanas dulces como la Braeburn, Gala o Red Delicious, con cáscara, sin semillas y cortadas en dados de 12 mm (½ in)

4 tallos de apio, rebanados delgados, más algunas hojas para adornar

2 cucharadas de pasitas o uvas pasas

1 cucharada de jugo de limón fresco

½ taza (60 g/2 oz) de nueces de castilla picadas grueso, tostadas (página 109)

ENSALADA CALIENTE DE
PAPA CON VINAGRE BALSÁMICO

6 rebanadas de tocino

1 kg (2 lb) de papas cerosas pequeñas como la Yukon dorada, Yukon Finn o Red Rose

Sal y pimienta recién molida

1 cebolla morada pequeña, picada

⅓ taza (60 g/2 oz) de apio finamente picado

2 cucharadas de perejil (italiano) finamente picado

2 cucharadas de cebollín fresco picado, más algunos tallos enteros

¼ taza (60 ml/2 fl oz) de vinagre balsámico

½ taza (125 ml/4 fl oz) de consomé de pollo

2 cucharadas de vinagre de vino tinto

1 cucharadita de azúcar

En una sartén para freír sobre calor medio, fría el tocino aproximadamente 6 minutos, hasta que esté crujiente. Escurra sobre toallas de papel. Cuando se enfríe, trocee y reserve. Reserve 2 cucharadas de grasa del tocino, y ponga el resto en la sartén y reserve.

En un cazo grande combine las papas, 2 cucharaditas de sal y agua hasta rebasar por 5 cm (2 in). Hierva sobre calor medio alto, reduzca el calor a medio y cocine, sin tapar, de 20 a 25 minutos, hasta que las papas estén suaves y puedan picarse fácilmente con un tenedor. Escurra y, cuando estén lo suficientemente frías para poder tocarlas, córtelas en rodajas de aproximadamente 6 mm (¼ in) de grueso.

Coloque las rodajas de papa caliente sobre un platón acomodando en 2 ó 3 capas. Cubra con el tocino desmoronado, la cebolla, apio, perejil y cebollín picado.

Recaliente la grasa del tocino en la sartén sobre calor medio. Agregue el vinagre balsámico y desglase la sartén raspando cualquier pedacito que haya quedado pegado a la base de la sartén. Agregue el consomé de pollo, vinagre de vino tinto, azúcar, ½ cucharadita de sal y 1 cucharadita de pimienta y hierva. Vierta aproximadamente la mitad de la mezcla caliente del balsámico sobre las papas, volteándolas con cuidado para no romperlas ni aplastarlas. Agregue el resto de la mezcla de balsámico, adorne con los tallos de cebollín y sirva de inmediato.

Nota: Hay muchas versiones de la ensalada de papa caliente, algunas veces llamada ensalada de papa estilo alemán. Algunas omiten la grasa del tocino, agregando un poco más de consomé de pollo, en cuyo caso la ensalada también se puede servir fría. Si desea hacer la tradicional ensalada de papa fría con mayonesa, vea la página 14.

RINDE 6 PORCIONES

VINAGRE BALSÁMICO

Una especialidad de Modena, Italia, el vinagre balsámico auténtico, está hecho de uvas blancas de Trebbiano y es añejado en una serie de barriles de madera. Etiquetado *aceto balsamico tradizoinale*, debe añejarse por lo menos durante 12 años y algunas veces incluso más tiempo. Debido a su sabor intenso y consistencia parecida a la miel, se usa como un condimento en pequeñas cantidades en platillos terminados. Aunque la mayoria de los aceites balsámicos disponibles no son el balsámico *tradizionale*, un vinagre balsámico más suave puede ser de muy buena calidad y hacer un delicioso aderezo para ensalada.

PIMIENTOS ROJOS ASADOS
CON ARROZ SALVAJE Y ANCHOAS

En un cazo sobre calor medio alto, combine el agua con 1 cucharadita de sal y hierva. Agregue el arroz salvaje, deje que el agua hierva una vez más, reduzca la temperatura a baja, tape y cocine de 20 a 25 minutos, hasta que el arroz absorba el agua y los granos se hayan separado. Retire del calor y deje reposar aproximadamente 15 minutos, tapado, para vaporizar.

Reserve 1 cucharada del pimiento. Pase el arroz a un tazón. Agregue los vinagres, cebollitas, anchoas, pimiento restante, ½ cucharadita de pimienta y el perejil picado. Añada 3 cucharadas del aceite de oliva y mezcle suavemente. Si se ve un poco seco, agregue la cucharada restante de aceite de oliva. Tape y deje reposar 1 hora antes de servir, para mezclar los sabores.

Pase la ensalada a una ensaladera o a un platón. Coloque el pimiento reservado en el centro y adorne con las ramas de perejil. Sirva a temperatura ambiente o ligeramente frío.

Para Servir: Por su pronunciado sabor a anchoa, recomendamos servir esta ensalada como entrada en porciones pequeñas y acompañarla con un pan baguette y un tazón de aceitunas.

RINDE 4 PORCIONES

ARROZ SALVAJE

El arroz salvaje en realidad no es un arroz, sino el grano de un pasto de ciénega (marsh grass). Los indígenas de Norteamérica lo han recogido de los lagos de Estados Unidos, desde hace mucho tiempo, donde crece silvestre. Hoy en día, también se cultiva en grandes cultivos comerciales principalmente por granjeros en el gran valle del Río Sacramento en California, en el medio oeste de los Estados Unidos y en Canadá. El arroz salvaje se cocina de forma parecida al arroz ordinario, por lo general al vapor o hervido y combinado con arroz blanco o café.

3 tazas (750 ml/24 fl oz) de agua

Sal y pimienta recién molida

1 taza (185 g/6 oz) de arroz salvaje

1 cucharada de vinagre de jerez

1 cucharadita de vinagre de vino tinto

¼ taza (20 g/¾ oz) de cebollita de cambray, incluyendo su tallo

6 filetes de anchoa de preferencia enlatados en aceite de oliva, picados

2 pimientos rojos (capsicums) asados y pelados (página 113), picados

¼ taza (10 g/⅓ oz) de perejil fresco (italiano) picado, más 1 ó 2 ramas

3 a 4 cucharadas (45 a 60 ml/1 ½ -2 fl oz) de aceite de oliva

ACELGA CON PANCETA O TOCINO
Y HUEVOS COCIDOS

2 manojos de acelga

Sal y pimienta negra recién molida

125 g (¼ lb) de panceta o tocino rebanado grueso, picado grueso

3 cucharadas de aceite de oliva extra virgen

1 diente de ajo picado

4 cucharadas (60 ml/2 fl oz) de vinagre balsámico

2 cucharadas de vinagre de vino tinto

4 cucharadas (10 g/⅓ oz) de perejil fresco (italiano) picado

5 huevos cocidos (página 13) 3 picados grueso y 2 rebanados a lo largo en 6 rebanadas

½ cucharadita de pimienta de cayena

Corte y deseche las costillas de las acelgas, cortando hasta quitar la costilla por completo. Recorte las puntas, pique las costillas en trozos pequeños. Ponga tres cuartas partes de agua en un cazo grande y hierva a temperatura media alta. Agregue 1 cucharadita de sal y las costillas y cocine 7 minutos hasta que estén suaves. Usando una cuchara ranurada o una espumadera, saque las costillas, escurra y reserve. Agregue las hojas a la misma agua hirviendo y cocine 5 minutos, hasta que estén suaves al morder. Escurra y enjuague bajo el chorro de agua fría hasta enfriar. Apriete suavemente las hojas con sus manos, y píquelas grueso. Apriete suavemente una vez más con sus manos. Reserve.

Coloque la sartén para freír sobre calor medio. Cuando esté caliente, agregue la panceta o tocino y cocine 5 minutos, volteando de vez en cuando, hasta casi dorar. (Si usa tocino, escurra la grasa que ha soltado hasta este momento). Agregue 1 cucharada de aceite de oliva y el ajo y continúe cocinando hasta dorar la panceta o tocino y el ajo. Usando una cuchara ranurada, pase la panceta o tocino con el ajo a toallas de papel y escurra.

Agregue 2 cucharadas del aceite balsámico a la sartén para freír sobre temperatura media y desglase, moviendo para raspar los trocitos que queden adheridos a la base de la sartén. Vierta a un tazón. Agregue 1 cucharada del vinagre balsámico restante, 1 cucharada del vinagre de vino tinto y las 2 cucharadas restantes de aceite de oliva al tazón y mezcle. Agregue las hojas de acelga y sus costillas, la panceta o tocino y el ajo, 3 cucharadas del perejil, las cucharadas restantes de vinagre balsámico y de vino tinto y ½ cucharadita de pimienta negra. Mezcle. Agregue el huevo picado y mezcle cuidadosamente.

Pase a una ensaladera y adorne con la cucharada restante de perejil, rebanadas de huevo y pimienta de cayena. Sirva de inmediato.

RINDE 4 Ó 5 PORCIONES

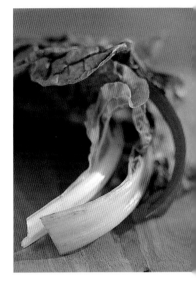

ACELGA

En Italia y Francia las mejores acelgas son las que tienen las costillas grandes y anchas, más anchas que la parte verde de la hoja. Esto se debe a que la costilla, o tallo, se considera un vegetal por sí mismo, a menudo cocinado, aderezado con aceite de oliva y ajo y servido como guarnición. Otras variedades de acelga tienen costillas más delgadas (de diferentes colores) y su hoja es más grande. Entre más gruesa y ancha sea la costilla, necesitará más tiempo para cocinarse y suavizarse. Incluso si las costillas son delgadas, es conveniente separarlas de la hoja o picarlas ya que esto dará una mejor textura y sabor a su platillo.

COLECITAS DE BRUSELAS
CON NUECES Y ARÚGULA

En un cazo, combine las colecitas de Bruselas, jugo de manzana, agua y 1 cucharadita de sal. Hierva a fuego medio alto, reduzca la temperatura a baja, tape y cocine aproximadamente 15 minutos, hasta que al picar las colecitas en su base se sientan suaves pero firmes. Escurra.

Tan pronto pueda tocar las colecitas de Bruselas, córtelas a lo largo en rebanadas delgadas. Coloque las rebanadas en un tazón y agregue el aceite de nuez, vinagre, ¼ cucharadita de sal y ½ cucharadita de pimienta y mezcle cuidadosamente.

Divida la arúgula en platos individuales. Coloque cucharadas de colecitas de Bruselas y su aderezo sobre la arúgula y adorne con las nueces. Sirva mientras esté aún caliente.

Para Servir: En lugar de servir esta ensalada en platos individuales como entrada, sírvala como guarnición caliente para acompañar pavo, pollo o puerco asado.

RINDE 4 PORCIONES

500 g (1 lb) de colecitas de Bruselas, recortadas

2 tazas (500 ml/16 fl oz) de jugo de manzana

1 taza (250 ml/8 fl oz) de agua

Sal y pimienta recién molida

1½ cucharadita de aceite de nuez

1 cucharada de vinagre de sidra

1 taza (30 g/1 oz) de hojas pequeñas y tiernas de arúgula (rocket)

½ taza (60 g/2 oz) de nueces picadas, tostadas (página 109)

ACEITE DE NUEZ

Los aceites de nuez varían mucho de calidad y composición. Los mejores aceites se sacan de nueces prensadas y ligeramente tostadas. Aceites de menor calidad se hacen al combinar aceite de nuez con un aceite más suave y más insípido. El aceite de nuez dura poco tiempo en la alacena, únicamente de 6 a 8 meses. Después de ese tiempo, aun cuando se haya almacenado adecuadamente en un lugar frío y oscuro, se hace rancio. Para evitar esto, siempre revise la fecha de fabricación sobre la etiqueta al momento de comprarlo para asegurarse de que esté fresco y almacénelo dentro del refrigerador.

INVIERNO

El invierno es la época del año en que tenemos visitas, celebramos fiestas y volvemos a la comida casera. Las ensaladas llenas de ingredientes dan la bienvenida en las reuniones casuales de amigos y familia. Pero las ensaladas también pueden hacer su aparición en las comidas especiales de los días festivos, presentando ingredientes elegantes como pechuga de pato, filete de salmón y cítricos

MEZCLA DE CÍTRICOS CON CEBOLLA MORADA Y ESCAROLA

Corte la cebolla a la mitad en rebanadas del grueso de una hoja de papel, después corte cada rebanada a la mitad. Reserve.

Corte una rebanada de arriba y otra de abajo de la toronja, y párela verticalmente. Siguiendo el contorno de la fruta, rebane la cáscara y parte blanca de la toronja en tiras gruesas. Deteniendo la fruta sobre un tazón, corte de cada lado de las membranas entre los gajos, dejando que caiga cada gajo y su jugo dentro del tazón. Corte cada gajo a la mitad a lo ancho. Repita con la naranja y las mandarinas; reserve los cítricos.

Coloque el queso en un tazón grande y agregue el aceite de oliva. Usando un tenedor, aplaste el queso con el aceite hasta integrar. Incorpore el vinagre, ½ cucharadita de sal y ½ cucharadita de pimienta. Agregue las hojas de escarola y cuidadosamente mezcle para cubrir de forma uniforme. Agregue todos los cítricos y su jugo, la cebolla morada y la pastinaca (chevril) picada y mezcle con cuidado para cubrir uniformemente.

Adorne con las ramas de pastinaca y sirva de inmediato.

Variación: En lugar de usar queso azul, agregue cubos de queso Gruyere y 30 g (1 oz), de prosciutto o jamón de Parma cortado en tiras delgadas.

RINDE 6 PORCIONES

½ cebolla morada

1 toronja

1 naranja

2 mandarinas

30 g (1 oz) de queso Maytag u otro queso azul

¼ taza (60 ml/2 fl oz) de aceite de oliva extra virgen

2 cucharadas de vinagre de vino tinto

Sal y pimienta recién molida

4 tazas (375 g/12 oz) de hojas de escarola (endibia de Batavia) en trozos (del tamaño de un bocado)

¼ taza (10 g/⅓ oz) de pastinaca (chevril) fresca picada, más algunas ramas enteras

TRUCHA POCHÉ SOBRE BERROS CON ADEREZO DE NARANJA ROJA

1 taza (250 ml/8 fl oz) de vino blanco seco

1 taza (250 ml/8 fl oz) de agua

4 rebanadas de limón, más 1 cucharadita de jugo de limón fresco

1 cucharadita de hojas de estragón fresco picado

Sal

375 g (¾ lb) de trucha salmonada sin piel u otro tipo de trucha

3 naranjas rojas, su jugo (aproximadamente ¾ taza, 180 ml, 6 fl oz) más 1 naranja sangría entera

2 cucharaditas de aceite de oliva extra virgen

1 cucharadita de chalote picado

4 tazas (125 g/4 oz) de ramas de berro (aproximadamente 2 manojos) sin tallos duros

En una sartén para freír, combine el vino, agua, rebanadas de limón, estragón y ½ cucharadita de sal. Coloque sobre calor medio alto y apague justo antes de que hierva. El agua debe estar a punto de ondear. Agregue los filetes de trucha y cueza tipo poché, manteniendo el líquido en el punto exacto antes de soltar el hervor, de 3 a 4 minutos, hasta que los filetes estén opacos totalmente. Usando una cuchara ranurada o espumadera, pase los filetes a un plato y reserve.

En un cazo sobre temperatura media, combine los jugos de naranja y limón y hierva. Hierva hasta reducir a ½ taza (125 ml/4 fl oz). Retire del calor y deje enfriar. Incorpore el aceite de oliva y el chalote.

Corte una rebanada de abajo y otra de arriba de la naranja sangría, y coloque verticalmente. Siguiendo el contorno de la fruta, rebane la cáscara y la parte blanca en tiras gruesas. Rebane la naranja a lo ancho y retire las semillas. Reserve.

Ponga las ramas de berro en un tazón. Reserve 2 cucharadas de la mezcla de jugo de naranja y vierta el resto sobre los berros. Mezcle con cuidado para cubrir uniformemente. Divida el berro entre los platos o tazones individuales.

Parta cada filete de trucha en varias piezas y acomódelas sobre las hortalizas aderezadas. Rocíe con un poco de la mezcla de jugo de naranja reservado. Adorne cada plato con una o dos rebanadas de naranjas y sirva de inmediato.

Para Servir: Si no encuentra naranjas sangría, sustituya por naranjas navel y use vinagre de frambuesa en lugar del jugo de limón.

RINDE 4 PORCIONES

USANDO NARANJAS SANGRÍA

Las naranjas sangría pueden usarse como cualquier otra naranja, aun cuando su sabor es más dulce que el de las naranjas navel o las valencianas, los dos tipos de naranja que se encuentran con más facilidad en el mercado. Úselas para hacer jugo, helados, ensaladas y salsas, donde se podrá notar su color original. Al hacer una ensalada, recuerde que su jugo mancha todo lo que toque de un color rojo brillante. Si desea mantener los colores sepárelas y agregue las naranjas sangría justo en el último momento antes de servir.

PECHUGA DE PATO CON RADICHO Y HORTALIZAS AMARGAS

COCINANDO PECHUGA DE PATO

La carne de la pechuga de pato es ligeramente gruesa y gorda. Cuando la pechuga se dora, un poco de la grasa se derrite, dándole sabor a la carne y dorando la piel con un bonito color. Para lograr esto, cocine la piel de la pechuga al principio boca abajo ya que esto acelera el proceso en el que se derrite la grasa sin sobre cocinar la pechuga. (La carne debe estar por lo menos de color rosa claro o más rosado cuando esté lista). Una vez que la piel esté café, voltee la pechuga para permitir que se cocine en la grasa que soltó. Si lo desea, retire la piel antes de servir.

En un tazón, mezcle el jugo de limón, vinagre, ½ cucharadita de sal y ¼ cucharadita de pimienta. Lentamente integre el aceite de oliva batiendo al mezclar, para hacer una vinagreta espesa.

Usando un cuchillo filoso, corte y deseche el corazón blanco y duro de la base del radicho. Corte la cabeza a lo largo en rebanadas de 6 mm (¼ in) de grueso, separe las capas y retire el corazón duro en forma de V. Ponga el radicho cortado en el tazón que tiene la vinagreta. Agregue la arúgula, berro y perejil; mezcle con cuidado. Reserve.

Seque la pechuga de pato. En una sartén para freír sobre calor alto, caliente ½ cucharadita de sal. Cuando esté caliente, agregue la pechuga de pato, con la piel hacia abajo. Reduzca la temperatura a media alta y cocine de 6 a 7 minutos, hasta que esté crujiente y bien dorada por el primer lado. Voltee y cocine del otro lado 4 minutos, hasta dorar ligeramente. Tape la sartén y cocine de 3 a 4 minutos, hasta que esté cocida a término medio. Escurra brevemente sobre toallas de papel.

Pase la pechuga de pato a una tabla de picar y use un cuchillo para separar las mitades de pechuga. Corte cada pechuga a la mitad a lo ancho en rebanadas de 6 mm (½ in) de grueso.

Apile la mezcla de radicho en un tazón o sobre un platón, esponjando en el centro y acomode las rebanadas de pato por encima, espolvoree ligeramente con pimienta. Sirva mientras el pato esté aún caliente.

Para Servir: Un vino tinto de cuerpo entero como el Barbera de Italia o un Syrah de Francia complementa maravillosamente el delicioso sabor del pato y el sabor amargo de las hortalizas.

RINDE 4 PORCIONES

3 cucharadas de jugo de limón fresco

1 cucharadita de vinagre de Champaña

Sal y pimienta recién molida

2 cucharadas de aceite de oliva

2 cabezas pequeñas de radicho

1 taza (30 g/1 oz) de hojas de arúgula miniatura

½ taza (15 g/½ oz) de berro, hojas de mostaza asiática u hojas de diente de león (del tamaño de un bocado) o más hojas de arúgula miniatura

2 cucharadas de perejil fresco (italiano) picado

1 pechuga de pato entera y deshuesada

BETABELES ASADOS Y NUECES
CON ENDIBIA RIZADA

6 betabeles pequeños

2 cucharadas de aceite de oliva extra virgen, más lo suficiente para frotar el betabel

¼ taza (60 ml/2 fl oz) de vinagre balsámico

Sal y pimienta recién molida

4 tazas (375 g/12 oz) de hojas de endibia rizada en trozos (chicoria), únicamente las hojas interiores de color pálido (del tamaño de un bocado)

1 taza (30 g/1 oz) de ramas de berro (aproximadamente ½ manojo)

¼ taza (7 g/¼ oz) de cáscara de naranja rallada

¾ taza (90 g/3 oz) de nueces picadas grueso, tostadas (página 109)

Precaliente el horno a 180ºC (350ºF). Si los betabeles aún tienen hojas pegadas, córtelas, dejando intacto 2.5 cm (1 in) del tallo y reserve las hojas para otro uso. Engrase ligeramente los betabeles con cáscara con aceite de oliva y coloque en una charola para hornear. Ase de 40 a 45 minutos, volteando de vez en cuando, hasta que se sientan suaves al picarlos con un tenedor. Retire y deje reposar hasta que estén lo suficientemente fríos para tocarlos, pele y corte en rodajas de 6 mm (¼ in) de grueso. Coloque en un tazón, tape para mantener caliente y reserve.

En un tazón pequeño, bata el vinagre con ¼ cucharadita de sal y ½ cucharadita de pimienta. Integre lentamente las 2 cucharadas de aceite de oliva mientras bate para hacer una vinagreta espesa.

Divida la endibia rizada y el berro entre platos individuales. Cubra con las rodajas de betabel y bañe con la vinagreta. Adorne con la ralladura de naranja y las nueces tostadas. Sirva de inmediato.

Variación: Para un adorno adicional, agregue una cucharada o dos de queso de cabra fresco desmenuzado.

RINDE 4 PORCIONES

COCINANDO CON BETABELES

Actualmente existe una amplia gama de colores de betabeles, incluyendo los dorados, aunque los rojos oscuros siguen siendo los más conocidos. El color intenso de los betabeles rojos se debe a la presencia de un pigmento llamado betanín, que mancha cualquier cosa que toque el betabel de color rojo. Por eso se dice que los betabeles "sangran". Para disminuir el sangrado, no corte los betabeles antes de cocerlos. Además, deje un pedazo de las hojas intacto al igual que la raíz, para cortarlas hasta después de cocerlas. Una mezcla de betabeles rojos y dorados es sumamente atractiva en esta ensalada.

SALMÓN ASADO CON TROZOS DE TOCINO Y ARÚGULA

ESCOGIENDO SALMÓN

La carne del salmón varía de color desde el rojo hasta el rosa claro, pero la textura de la carne es más importante que su color. Debe ser firme al tacto, no suave, y la piel, si está entera, debe ser resbalosa. Al comprar un salmón entero busque uno de ojos brillantes. El salmón tiene una columna vertebral grande con miles de pequeñas espinas tipo aguja en los lados del pescado, que algunas veces aparecen en los filetes. Éstas se pueden quitar antes o después de cocinarlo con tijeras filosas o alicates de aguja que se usen únicamente para la cocina.

Precaliente el horno a 260ºC (500ºF). En una sartén para freír sobre calor medio fría el tocino aproximadamente 6 minutos, hasta que esté crujiente. Escurra sobre toallas de papel. Deje enfriar, trocee y reserve.

Reserve 1 cucharada de la grasa del tocino y deseche el resto. Vuelva a colocar la sartén a temperatura media baja. Agregue el chalote y saltee de 1 a 2 minutos, eleve la temperatura a media alta. Agregue el vinagre y desglase la sartén, moviendo para raspar cualquier pedacito que quede pegado a la base de la sartén. Agregue el consomé de pollo, reduzca la temperatura a baja y hierva a fuego lento uno o dos minutos. Integre el aceite de oliva. Retire del calor y tape para mantener caliente.

Corte los filetes de salmón a la mitad y frote por ambos lados con sal y pimienta al gusto. Engrase ligeramente una platón para hornear lo suficientemente grande y acomode los filetes en una sola capa. Ase en el horno de 13 a 15 minutos, hasta que esté ligeramente opaco cuando pique en el centro.

Mientras se cocina el pescado, divida la arúgula y la lechuga entre platos individuales para ensalada. Reserve 2 cucharadas de la mezcla de vinagre balsámico y bañe las lechugas con el resto. Cuando el pescado esté listo, coloque una rebanada sobre cada plato, rocíe con la mezcla restante de balsámico y cubra uniformemente con el tocino troceado. Sirva de inmediato.

Variación: Para darle un toque italiano, en lugar de tocino use pedacitos de prosciutto o jamón de Parma crujiente, haciéndolos al saltear ligeramente tiras delgadas en un poco de aceite de oliva.

RINDE 4 PORCIONES

4 rebanadas de tocino

2 cucharadas de chalote picado

⅓ taza (80 ml/3 fl oz) de vinagre balsámico

2 cucharadas de consomé de pollo

1 cucharada de aceite de oliva extra virgen

2 filetes de salmón, cada uno de aproximadamente 250 g (½ lb), y de 12 mm a 2 cm (½-¼ in) de grueso

Sal y pimienta recién molida

2 tazas (60 g/2 oz) de hojas pequeñas y tiernas de arúgula

2 tazas (90 g/3 oz) de hojas de lechuga de hoja roja en trozos (del tamaño de un bocado)

ENSALADA DE PAVO Y APIO CON CEREZAS SECAS

1 raíz de apio pequeña (celeriac) aproximadamente 375 g (¾ lb)

4 tallos de apio, picados

2 tazas (375 g/12 oz) de pavo o pollo cocido y frío, cortado en dados (vea Nota)

¼ taza (45 g/1½ oz) de piñones

¼ taza (30 g/1 oz) de cerezas secas sin semilla, partidas a la mitad o alguna otra fruta seca (*vea explicación a la derecha*)

2 cucharadas de crema ácida ligera

2 cucharadas de mayonesa, de preferencia hecha en casa (página 111)

1 cucharadita de mostaza Dijon

1½ cucharadas de vinagre de Champaña

Sal y pimienta recién molida

8 a 10 hojas de lechuga

Usando un cuchillo mondador, pele la cáscara gruesa de la raíz de apio (vea página 18). Y, usando las raspas grandes de un rallador de queso manual, rállelo sobre el tazón.

Agregue el apio, pavo, piñones, cerezas secas, crema agria, mayonesa, mostaza, vinagre, ½ cucharadita de sal y ½ cucharadita de pimienta a la raíz de apio y mezcle. Tape y refrigere por lo menos 1 hora o hasta 24 horas antes de servir.

Forre un platón con las hojas de lechuga. Monte la mezcla de pavo sobre la lechuga. Sirva de inmediato.

Nota: Para el ave cocinada de esta receta, use restos de pavo o pollo asado . Si no tiene a la mano, cocine unas cuantas pechugas de pollo. Ponga 2 ó 3 mitades de pechuga de pollo con hueso en un cazo grande y agregue agua ligeramente salada hasta cubrir. Hierva sobre calor alto. Reduzca a temperatura baja y hierva a fuego lento 30 minutos. Retire del calor y deje reposar 30 minutos. Deseche la piel y huesos y corte la carne en trozos del tamaño de un bocado.

Para Servir: Esta ensalada, como cualquier ensalada de pavo, pollo o atún, es un excelente relleno para emparedados. Es especialmente bueno sobre pan de centeno o pan ácido. También es una buena entrada y rinde dos porciones.

RINDE 4 PORCIONES

FRUTAS SECAS EN ENSALADAS

Las frutas secas son un artículo excelente, en especial en invierno cuando las frutas frescas no son tan variadas como en las demás temporadas. Las cerezas secas, arándanos, duraznos, ciruelas, chabacanos, peras y aún mangos secos y piñas pueden realzar el sabor de las ensaladas verdes, ensaladas de pasta y ensaladas de granos. Pique o corte en juliana las frutas más grandes y parta a la mitad las más pequeñas como los arándanos y cerezas antes de agregarlos a la ensalada.

NARANJAS Y ZANAHORIAS
CON PISTACHES

Usando una cuchilla para rallar, mandolina o las raspas grandes de un rallador manual, ralle finamente las zanahorias.

En una ensaladera, mezcle el jugo de limón, azúcar y el Cointreau. Agregue las zanahorias y mezcle con cuidado. Tape y refrigere esta mezcla por lo menos 1 hora o hasta 8 horas para permitir que se mezclen los sabores.

Justo antes de servir, retire la cáscara de una naranja usando un zester en forma de listones largos y delgados. Corte una rebanada de la parte de arriba y una de la de debajo de la naranja, y párela verticalmente. Siguiendo el contorno de la fruta, pele la cáscara y parte blanca en tiras gruesas. Corte la naranja a lo ancho en rebanadas de 6 mm (¼ in) de grueso. Pele y rebane la segunda naranja de la misma manera.

Agregue las cáscaras de naranja y rebanadas a un tazón y mézclelas cuidadosamente con las zanahorias.

Divida la ensalada entre tazones o platos individuales. Adorne cada porción con una cantidad igual de la menta y pistaches.

Para Servir: Al servir esta ensalada como entrada, acompañe con algo salado como una rebanada de prosciutto o jamón de Parma o buen salami. Lo salado hace un contraste perfecto a la dulzura de las naranjas.

RINDE 4 PORCIONES

500 g (1 lb) de zanahorias peladas

1 limón, su jugo

1 cucharada de azúcar

1 cucharadita de Cointreau u otro licor de naranja

2 naranjas navel

2 cucharadas de menta fresca picada

3 cucharadas de pistaches picados

ENSALADAS PARA DÍA DE CAMPO

La mitad de la diversión de un día de campo o una comida informal es ver la amplia variedad de lo que cada quien ha llevado. Las ensaladas son una buena elección para este tipo de reuniones ya que son relativamente fáciles de hacer y pueden ser muy variadas. Algunas ensaladas son más fáciles de transportar que otras. Las recetas que mostramos a continuación son las indicadas: sus sabores se perfeccionan al dejarlas reposar o pueden armarse o aderezarse fácilmente en cualquier lugar.

ENSALADA DE RIGATONI CON COLIFLOR VERDE, ALCAPARRAS Y AZAFRÁN

AZAFRÁN

Azafrán es la espina seca de color naranja rojizo de un tipo de croco. Esta flor, nativa del este de Europa y oeste de Asia, florece en otoño, aunque desde la Edad Media se ha cultivado en muchos lugares de Europa y se ha usado especialmente en la cocina española. Para obtener la mejor calidad, elija hilos de azafrán o espinas reales, en lugar de azafrán en polvo, que pierde su sabor al almacenarse. El azafrán se usa tanto por el bonito color dorado brillante que da a los platillos y por su sabor ligeramente amargo y sutilmente perfumado.

En un tazón pequeño, mezcle las 4 cucharadas (60 ml/2 fl oz) del aceite de oliva, el jugo de limón, azafrán, comino, cayena y ½ cucharadita de sal. Reserve.

Coloque las flores de coliflor en una canasta para cocinar al vapor y espolvoree con ½ cucharadita de sal. Coloque sobre agua hirviendo, tape y cocine al vapor de 7 a 8 minutos hasta suavizar. Las flores deben estar ligeramente crujientes y nada pegajosas. Retire la canasta de la sartén y coloque bajo el chorro de agua fría para detener el cocimiento. Escurra.

Hierva un cazo con tres cuartas partes de agua y 1 cucharadita de sal. Agregue el rigatoni, mueva y cocine de 9 a 10 minutos, o según las instrucciones del paquete, hasta que esté al dente. Escurra y pase a un tazón grande y profundo.

Mezcle la pasta con las 2 cucharadas restantes de aceite de oliva. Agregue la coliflor fría y la mezcla de jugo de limón y voltee para cubrir. Reserve unas cuantas hojas de perejil para adornar y agregue el resto de hojas de perejil y el tomillo a la pasta, volteando para repartir uniformemente. Tape y refrigere por lo menos 1 hora o hasta 6 horas antes de servir para permitir que se mezclen los sabores.

Saque la ensalada del refrigerador y, cuando esté a temperatura ambiente, adorne con las hojas reservadas de perejil y las alcaparras. Sirva.

Variación: Rigatoni no es la única opción de pasta para esta ensalada. Puede probar cualquier pasta que tenga forma tubular e irregular, como el fusilli, rotelle o radiatori. Estas pastas capturarán la salsa en sus huecos y hendiduras y llenarán la ensalada de sabor.

RINDE 8 PORCIONES

6 cucharadas (90 ml/3 fl oz) de aceite de oliva extra virgen

¼ taza (60 ml/2 fl oz) de jugo de limón fresco

¼ cucharaditas de espina de azafrán

¼ cucharaditas de comino molido

⅛ cucharadita de pimienta de cayena

Sal

1 coliflor verde o blanca, recortando los tallos y separando en flores del tamaño de un bocado

315 g (10 oz) de rigatoni

¼ taza (7 g/¼ oz) de perejil fresco (italiano)

1 cucharadita de tomillo fresco picado

2 cucharadas de alcaparras enjuagadas

JITOMATES CON ANCHOAS Y ACEITUNAS

12 a 14 jitomates medianos o grandes, en rodajas de 6 mm (¼ in) de grueso

24 filetes de anchoa, de preferencia enlatados en aceite de oliva

¾ taza (125 g/4 oz) de aceitunas negras curadas en aceite

PARA LA VINAGRETA:

2 dientes de ajo, picados grueso

Sal y pimienta recién molida

¼ taza (60 ml/2 fl oz) de aceite de oliva extra virgen

2 cucharadas de vinagre de vino tinto

Ramas de perejil fresco (italiano) para adornar (opcional)

Acomode los jitomates sobre un platón en capas sobrepuestas. Distribuya uniformemente los filetes de anchoa sobre los jitomates, y cubra con las aceitunas.

Para hacer la vinagreta, combine en un tazón o mortero el ajo y ½ cucharadita de sal. Usando un tenedor o la mano del mortero, aplaste para formar una pasta. Agregue lentamente el aceite de oliva, batiendo con el tenedor y después agregue el vinagre y ½ cucharadita de pimienta, mezcle. Ponga la vinagreta en un bote y tape con fuerza.

Justo antes de servir, agite la vinagreta en el bote y vierta sobre el platón de jitomates. Adorne con las ramas de perejil si lo desea.

Para Servir: Si va a llevar esta ensalada a un día de campo o comida informal, considere llevando una tabla de picar y un cuchillo, los jitomates, las anchoas y aceitunas en sus botes y un tarro con la vinagreta. Corte los jitomates y acomódelos en el lugar.

RINDE 8 PORCIONES

VARIEDADES DE ANCHOAS

A las anchoas empacadas en aceite y en sal se les puede dar esencialmente el mismo uso, pero su textura es diferente. Las anchoas en sal tienden a ser más firmes que los filetes enlatados en aceite. Se deben enjuagar y retirarles su piel, si es necesario, raspándole las escamas con un cuchillo además de filetear separando la carne de la columna y levantando los huesos. Si el pescado es demasiado salado, enjuague unos minutos en agua fría. Por el contrario, los filetes en aceite únicamente tienen que escurrirse después de haberse enjuagado, si lo desea. El aceite puede agregar un buen sabor a ciertos platillos como en este caso.

ENSALADA DE LENTEJA CON MOZZARELLA Y PROSCIUTTO

Escoja las lentejas, retirando cualquier piedrita o lenteja defectuosa, enjuague. En un cazo sobre calor fuerte, combine el agua con ½ cucharadita de sal y hierva. Agregue las lentejas, reduzca el calor a medio bajo, tape y cocine de 20 a 25 minutos, hasta que las lentejas estén suaves pero mantengan su forma. Tenga cuidado de no sobre cocinar. Retire del calor y escurra. Deje enfriar a temperatura ambiente.

En un tazón mezcle el aceite de oliva, vinagre, ½ cucharadita de pimienta, cebolla, 2 cucharadas de albahaca. Reserve una cuarta parte del prosciutto o jamón de Parma y agregue el resto al tazón. Añada las lentejas y mezcle.

Pase las lentejas por cucharadas a un platón. Acomode las rebanadas de mozzarella alrededor del platón, metiéndolas debajo de las lentejas. Adorne con el resto de hojas de albahaca picadas y enteras y el prosciutto o jamón de Parma sobre las lentejas y sirva.

Para Servir: Si va a transportar su platillo, rebane el mozzarella y vuelva a colocarlo en el líquido en el que viene empacado. Esto lo mantendrá fresco y húmedo. Justo antes de servir, agregue el mozzarella y adorne el platón.

RINDE 6 PORCIONES

1¼ taza (280 g/9 oz) de lentejas francesas de color verde

4 tazas (1 l/32 fl oz) de agua

Sal y pimienta recién molida

3 cucharadas de aceite de oliva extra virgen

¼ taza (60 ml/2 fl oz) de vinagre de vino tinto

2 cucharadas de cebolla morada picada

4 cucharadas (10 g/⅓ oz) hojas de albahaca fresca en juliana, más hojas enteras para adornar

125 g (¼ lb) de prosciutto o jamón de Parma en rebanadas delgadas como hojas de papel, cortado en tiras de 2.5 cm (1 in) de ancho

155 g (⅓ lb) de queso mozzarella fresco, cortado en rebanadas de 6 mm (¼ in) de grueso

ANCHOÏADE CON RÁBANOS, HINOJO, APIO Y ZANAHORIAS

PARA LA ANCHOÏADE

⅔ a ¾ taza (160 a 180 ml/5-6 fl oz) de aceite de oliva extra virgen

125 g (4 oz) de filetes de anchoa de preferencia enlatados en aceite

5 dientes de ajo, aplastados y picados

1 manojo de rábanos rojos recortados

2 bulbos de hinojo, recortados y cortados a lo largo en rebanadas de 6 mm (¼ in) de grueso y 12 mm (½ in) de ancho

4 tallos de apio, cortados en trozos de 7.5 cm (3 in) de largo y 12 mm (½ in) de grueso

4 zanahorias peladas y cortadas en tiras de 7.5 cm (3 in) de largo por 12 mm (½ in) de grueso

Para hacer la *anchoïade,* coloque una sartén pequeña para freír sobre calor bajo y caliente ⅔ taza de aceite de oliva. Agregue las anchoas y el ajo y cocine aproximadamente 3 minutos, aplastando las anchoas hasta que se disuelvan en el aceite para hacer una pasta. Gradualmente integre el resto del aceite para darle la consistencia de un vinagre espeso a la salsa. O, si lo desea, aplaste el ajo y las anchoas en un mortero con una mano de mortero o muela en un procesador de alimentos pequeño para hacer una pasta. Agregue lentamente el aceite de oliva para lograr la consistencia adecuada. Pase a un tazón pequeño.

Acomode los rábanos, hinojo, apio y zanahorias en una ensaladera o platón. Sirva acompañando con la *anchoïade.*

Para Servir: Ofrezca un par de baguettes o palitos de pan para acompañar los vegetales.

RINDE 8 PORCIONES

ANCHOÏADE

La *anchoïade,* una salsa espesa de anchoas, aceite de oliva y ajo, es un aderezo tradicional de Provenza usada para sazonar o remojar vegetales crudos. Cuando se usa como dip se parece a la *bagna cauda,* italiana que se sirve caliente. Para remojar en la *anchoïade* y en la *bagna cauda,* se usa una variedad de vegetales crudos desde las zanahorias crudas, rábanos, hinojo y apio hasta algunos menos conocidos como rábanos negros y potinambur o alcachofa campo Jerusalén. Algunas veces también se incluyen betabeles hervidos y papas.

ENSALADA DE ARROZ CON ATÚN Y ALCAPARRAS

En un cazo sobre calor alto, combine el agua con ½ cucharadita de sal y hierva. Agregue el arroz, hierva una vez más, reduzca el calor a bajo, tape y cocine 20 minutos, hasta que el arroz esté tierno y el líquido se haya absorbido. Retire del calor y deje reposar, destapado por lo menos 1 hora, hasta que esté totalmente frío. Separe los granos con un tenedor.

Escurra el exceso de aceite del atún, coloque en un tazón y desmenúcelo con un tenedor.

En un tazón grande mezcle el jugo de limón, aceite de oliva, 1 cucharadita de sal y 1 cucharadita de pimienta. Agregue el arroz, atún, alcaparras, perejil, albahaca picada y cilantro; mezcle.

Pase la ensalada a una ensaladera y adorne con las hojas enteras de albahaca.

Para Servir: Para hacer porciones individuales, corte los jitomates grandes a la mitad y saque la pulpa, dejando la concha. Llene las mitades por completo con la ensalada y adorne cada una con una rama de albahaca.

Preparación por Adelantado: Puede cocinar el arroz 1 día antes de hacer la ensalada y refrigerarlo. Sáquelo y deje a temperatura ambiente antes de acomodarlo y servir la ensalada.

RINDE 8 PORCIONES

ALCAPARRAS

Las alcaparras son pequeños botones cerrados de flores de un arbusto originario del Mediterráneo. Se deshidratan y empacan en salmuera o sal y dan un sabor picante y crujiente a gran variedad de platillos. Muchas personas consideran que las alcaparras más finas son las más pequeñas, llamadas nonpareils. Esta variedad viene de Provenza, al sur de Francia. Las alcaparras más grandes, que son del tamaño de un chícharo, también son buenas. Antes de usarlas, asegúrese de enjuagar las alcaparras saladas en agua fría o escurrir las que vienen en salmuera y secarlas suavemente con una toalla de papel.

4 tazas (1 l/32 fl oz) de agua

Sal y pimienta recién molida

2 tazas (440 g/14 oz) de arroz blanco de grano largo

2 latas (cada una de 185 g/6 oz) de atún, de preferencia enlatado en aceite de oliva

¼ taza (60 ml/2 fl oz) de jugo de limón fresco o vinagre de vino blanco

¼ taza (60 ml/2 fl oz) de aceite de oliva extra virgen

1 ½ cucharada de alcaparras, enjuagadas

½ taza (20 g/¾ oz) de perejil fresco (italiano) picado

½ taza (20 g/¾ oz) de albahaca fresca picada, más algunas hojas extra para decorar

½ taza (20 g/¾ oz) de cilantro fresco picado

ENSALADA DE COUSCOUS CON JITOMATES CEREZA Y PIMIENTOS

2 tazas (500 ml/16 fl oz) de agua

¼ taza (60 ml/2 fl oz) más

1 cucharadita de aceite de oliva extra virgen

Sal

2 tazas (375 g/12 oz) de couscous instantáneo

1½ taza de pimientos (capsicums) rojos

1½ taza (280 g/9 oz) de jitomates cereza rojos y amarillos

¼ taza (10 g/⅓ oz) de menta fresca picada, más algunas ramas para adornar

¼ taza (60 ml/2 fl oz) de jugo de naranja fresco

1 cucharada de ralladura de cáscara de naranja

3 cucharadas de vinagre de vino tinto

En un cazo sobre calor alto, combine el agua, la cucharadita de aceite de oliva y ½ cucharadita de sal. Hierva. Agregue el couscous, moviendo constantemente y retire del calor. Tape y deje reposar 15 minutos. El líquido se habrá absorbido por completo y el couscous se habrá inflado

Mientras tanto, ase y pele los pimientos (vea página 113) y píquelos grueso. Quite el tallo a los jitomates cereza y pártalos a la mitad a lo largo.

Pase el couscous a una ensaladera grande. Usando un tenedor, esponje los granos de couscous para separarlos. Agregue los pimientos, jitomates, menta picada, jugo de naranja, ralladura de cáscara de naranja, ¼ taza de aceite de oliva, vinagre y ½ cucharadita de sal. Mezcle con cuidado integrando. Tape y refrigere por lo menos 1 hora o hasta 12 horas antes de servir, para permitir que se mezclen los sabores.

Adorne con las ramas de menta y sirva la ensalada fría o a temperatura ambiente.

Preparación por Adelantado: Ya que esta ensalada es mejor cuando se permite que los sabores se mezclen durante varias horas, se recomienda hacerlo en la mañana y llevarla al día de campo. Se puede transportar fácilmente en un recipiente tapado.

RINDE 8 PORCIONES

COUSCOUS

Aunque comúnmente se piensa que el couscous es un grano, en realidad es una pasta diminuta hecha de semolina de trigo duro. En los países del Norte de África, como Túnez o Marruecos donde es un producto de primera necesidad, tradicionalmente se hace a mano y después se cuece al vapor dos veces en una olla especial con dos compartimentos llamada couscousiere. Por otra parte, también se puede encontrar el couscous seco precocido, algunas veces llamado couscous instantáneo enlatado o en bulto. No tiene que cocerse, simplemente se tiene que rehidratar en agua hervida antes de servir.

DURAZNOS BLANCOS
CON ALMENDRAS Y UVAS PASAS

Parta a la mitad los duraznos pelados, retire el hueso y rebane. Colóquelos en un tazón grande y agregue las uvas pasas.

En un tazón pequeño mezcle el jugo de limón con el azúcar hasta que se disuelva, vierta la mezcla sobre los duraznos y las uvas pasas. Mezcle para cubrir uniformemente, e integre el extracto de almendra.

Justo antes de servir, adorne con las almendras

Para Servir: Sirva esta ensalada sencilla de fruta como postre acompañando de un Riesling de cosecha reciente y biscotti (galletas italianas).

Preparación por Adelantado: Esta ensalada es mejor si se hace con varias horas de anticipación para permitir que se mezclen los sabores. Es una buena opción para transportarla a un día de campo o a una fiesta.

RINDE 8 PORCIONES

10 duraznos blancos, pelados *(vea explicación a la izquierda)*

½ taza (90 g/3 oz) de uvas pasas secas

3 cucharadas de jugo de limón fresco

2 cucharadas de azúcar

¼ cucharadita de extracto de almendra (esencia)

½ taza (60 g/2 oz) de almendras rebanadas (fileteadas) o picadas

PELANDO DURAZNOS

Para retirar fácilmente la piel aterciopelada de los duraznos, blanquéelos primero. Coloque un cazo grande con tres cuartas partes de agua y hierva. Corte una X poco profunda en la base del tallo de cada durazno. Trabajando en tandas, sumerja los duraznos durante 30 segundos. Usando una cuchara ranurada o espumadera, pase a una superficie de trabajo. Cuando estén lo suficientemente fríos para poder tocarlos, retire su piel, usando las yemas de sus dedos o un cuchillo mondador pequeño.

TEMAS BÁSICOS SOBRE ENSALADAS

Con su miríada de combinaciones, las ensaladas se basan en los ingredientes de la temporada más que cualquier otro platillo. La gran virtud de las ensaladas es su versatilidad y oportunidad inherente a la creatividad: idealmente se hacen con cualquier producto que encuentre en su mercado o jardín buscando el que tenga el mejor sabor y la apariencia más apetitosa.

Después de probar algunas de estas recetas se puede inspirar a ir más allá de los confines para crear sus propias combinaciones. Las siguientes pautas les ayudarán a crear combinaciones vibrantes y memorables.

ELEMENTOS DE UNA ENSALADA

En su forma más elemental, ensalada significa hortalizas frescas. Algunas veces la lechuga es el único ingrediente, puede presentarse simplemente en trozos o picada y sazonarse con cualquier aderezo. Aunque a primera vista muchos vegetales puedan parecer similares, conocerlos de cerca descubre sus características únicas.

LECHUGAS SUAVES

Todas las lechugas tienen un sabor suave si las comparamos con las demás hortalizas para ensalada. Sus variedades se distinguen por sus diferentes colores, sabores, formas y texturas. Las hojas de la lechuga mantequilla o francesa (Boston) son suaves y tienen un sabor dulce y fresco. La escarola o de hoja verde (green leaf) es una lechuga más crujiente y con más sabor. La lechuga iceberg es suave y crujiente. Las hojas delicadas de la mache o canónigo tienen un ligero sabor a nuez. Las hojas de la lechuga hoja de roble (oak leaf) son dentadas mientras que las hojas duras y oscuras de la lechuga de hoja o lechuga orejona (cos) tienen más sabor.

CHICORIAS AMARGAS

Los miembros de la familia de las chicorias tienen un sabor amargo, aunque su textura, forma de hojas y grado de amargura son muy diferentes. Use las chicorias combinando con lechugas suaves para agregar sabor y apariencia visual. La endibia Belga (chicoria o endibia witloof) tiene hojas crujientes y cilíndricas que son ligeramente más amargas, mientras que las hojas rojo oscuras de la radicho tienen un sabor más fuerte. La endibia rizada tiene hojas escaroladas y amargas que son más suaves entre más cerca estén del corazón. Las hojas verdes rizadas de la escarola (endibia de Batavia) son ligeramente más amargas.

HORTALIZAS CON SABOR A ESPECIA

Las hortalizas con sabor a especia tienen un papel muy importante al hacer las ensaladas, actuando como un sazonador al mezclarse con otras hortalizas. Todas ayudan a realzar el sazón de una ensalada, aunque cada una tiene un sabor diferente y también puede usarse por si sola. Las hojas muy dentadas de la arúgula tienen un agradable sabor picante, mientras que las hojas verde oscuro del berro saben a especia. La mostaza de color claro es picosa y olorosa y las hojas redondas del berro nasturtium brindan un sabor a pimienta, siendo de color verde oscuro y suaves.

HIERBAS FRESCAS DE COLOR VERDE

Las hierbas son una categoría especial de hortalizas. Se pueden usar tanto para sazonar o como el ingrediente principal, como en la Ensalada de Hierbas Verdes con Vinagreta de Champaña (página 26). Las principales hierbas verdes, que presentamos a continuación, tienen poca relación entre ellas en cuanto al sabor.

La albahaca tiene un sabor suave a clavo y anís y el perifollo sabe ligeramente a orozuz. El cilantro es ligeramente perfumado casi dulce, mientras que el eneldo es definitivamente dulce y con un ligero sabor a hierba. La menta es refrescante y dulce mientras que el tomillo de hojas delicadas tiene un sabor "limpio".

El sabor del perejil también se describe como "limpio" y el perejil liso es más fuerte que el chino. El estragón es aromático, muy perfumado con un dulce sabor a anís. Al mezclar y combinar las hortalizas o hierbas con hortalizas hace una ensalada viva y llena de sabor pero aun simple y elegante. Por ejemplo, si combina escarola fuerte y ligeramente amarga con berro picante o arúgula o lechuga francesa y de hoja roja con ramas de perifollo o cilantro.

FRUTAS Y VEGETALES

Las ensaladas pueden ser totalmente de frutas como la ensalada Ambrosía (página 22) o totalmente de vegetales como la ensalada clásica de papas o ejotes. Sin embargo, las frutas y los vegetales también pueden combinarse con las ensaladas de varias hortalizas, incluyendo si se desea un poco de queso y nueces. Entre las buenas combinaciones están las peras con endibia rizada y queso azul y los betabeles con mache o canónigo y nueces tostadas. El sabor dulce, natural de las frutas y vegetales, se balancea con los sabores salados de los embutidos como el tocino, jamón y salchichas, también combinándose deliciosamente con frutas.

QUESO

Existen cientos de variedades diferentes de queso y cada una puede usarse en una ensalada. Trozos de queso azul, migas de feta, lajas de parmesano, rebanadas de Gruyere, trozos de queso de cabra o cubos de cheddar son algunas de las posibilidades. Parmesano con hinojo, Gruyere con tocino y endibia Belga, feta con melones y cilantro y queso de cabra con jitomates y albahaca son ejemplos de combinaciones excelentes con queso.

NUECES Y SEMILLAS

Las nueces y semillas, ya sean crudas o tostadas, pueden ser una parte integral de una ensalada. Las nueces con hortalizas picosas y vieiras, semillas de ajonjolí con camarones y lechuga y almendras con pavo y apio son algunas de las mejores combinaciones. Vea información para tostarlas en la página 109.

ADEREZOS PARA ENSALADA

Un buen aderezo debe realzar y armonizar con el sabor sencillo y fresco de una ensalada. Las dos principales categorías de aderezos son vinagretas y aderezos cremosos. La primera es una emulsión basada en aceite y un líquido ácido, con vinagre o jugo de fruta que no se mezcla de manera natural aunque puede batirse para formar una suspensión. Los aderezos cremosos más espesos se basan tradicionalmente en mayonesa (también una emulsión), yogurt, leche, tofu, crema agria, crema dulce o buttermilk.

El aceite que elija dependerá de los ingredientes de su ensalada. En otras palabras, debe tomar en consideración la necesidad de aumentar o disminuir el sabor al agregar el aderezo. Los aceites macerados con albahaca o pimienta son una buena forma de agregar un sabor complementario a una ensalada. Los vinagres están hechos tradicionalmente de vino o frutas fermentadas. Los vinagres de vino más comunes son el de vino tinto, vino blanco y el balsámico, aunque el de jerez, de Champaña y de Oporto también son recomendables, al igual que el de sidra y el de malta.

Las hierbas frescas picadas o secas troceadas, como albahaca, orégano y estragón y especias como la pimienta de cayena, cúrcuma, jengibre y anís, se pueden agregar a cualquier aderezo. La mostaza seca o preparada es un ingrediente comúnmente usado. También puede usar un poco de azúcar. Los jugos de vegetales o fruta como el de jitomate, frambuesa o naranja agregan una nueva dimensión de sabor al igual que el ajo, chalote o cebolla picada. Los aderezos de ensaladas pueden ser tan creativos y variados como las mismas ensaladas.

Todos los ingredientes de su ensalada, por lo general se deben aderezar unos cuantos minutos antes de servir. El contacto prolongado con el aderezo puede hacer que las hojas se marchiten. Existen algunas excepciones como las recetas en las que el aderezo se ha usado a propósito para cambiar la textura o sabor de los ingredientes al marinarlos.

ARMANDO ENSALADAS

Una ensalada puede ser sencillamente un conjunto de hortalizas en trozos aderezadas con una vinagreta básica. Poniendo atención al detalle puede hacer toda la diferencia entre una ensalada insípida con un aderezo aguado y otra crujiente y llena de sabor.

ESCOGIENDO HORTALIZAS

Para elegir las hortalizas para su ensalada busque hojas frescas, brillantes, crujientes y libres de manchas. Evite todas las que estén marchitas o de color café. Escoja cabezas que estén apretadas y pesadas en relación a su tamaño. Las tiendas de abarrotes tienen lechugas durante todo el año pero durante los meses frescos de primavera y otoño, los mercados de granjeros tienen gran variedad de hortalizas cultivadas localmente.

LAVANDO HORTALIZAS

Para lavar hortalizas para ensalada sumérjalas en un tazón grande o en un fregadero lleno de agua fría. Deseche las hojas marchitas o amarillas.

Un agitador de ensalada es ideal para secar hortalizas, aunque también puede agitarlas suavemente en una toalla limpia de cocina para absorber el exceso de humedad. Asegúrese de secar las hortalizas lo más que pueda, pues el exceso de agua puede diluir el sabor del aderezo.

HACIENDO QUE LAS HORTALIZAS SEAN CRUJIENTES

Si tiene tiempo suficiente, coloque las hortalizas lavadas en el refrigerador durante un día para enfriarlas y hacerlas crujientes. Después de lavar las hortalizas repártalas sobre una toalla de cocina extendida. Acomode las hojas en una sola capa sobre la toalla y enróllelas suavemente en la toalla, a modo de brazo gitano o niño envuelto. Tenga cuidado de no aplastar las hojas. Tape suavemente el rollo con una bolsa grande de plástico o plástico adherente. Cuando quiera usarla, desenvuelva y desenrolle la lechuga.

PREPARANDO HORTALIZAS

Para preparar ensalada de lechuga u otra verdura parta las hojas grandes en trozos del tamaño de un bocado. Asegúrese de que estén lo suficientemente pequeños para manejarse con facilidad únicamente con un tenedor. Las hojas más pequeñas como la espinaca miniatura pueden dejarse enteras. Si una receta solicita hortalizas picadas, apile ordenadamente varias hojas sobre una tabla para picar y, con un cuchillo filoso, corte a través de las hojas para hacer tiras.

ELIGIENDO HIERBAS

Al comprar, elija hierbas brillantes, sanas y aromáticas, evitando aquellas que tengan hojas marchitas, amarillas o negras.

ALMACENANDO HIERBAS

Las delicadas hierbas frescas necesitan un cuidado especial para almacenarse. Envuelva las hierbas en toallas de papel húmedo, póngalas en una bolsa de plástico y métalas al refrigerador de 3 a 5 días. Tenga especial cuidado con las hierbas frágiles pues se mancharán y decolorarán con facilidad.

Para almacenar hierbas de tallos largos como el perejil, albahaca y cilantro fresco por 5 ó 7 días, recorte las puntas de los tallos del manojo, retire cualquier hoja amarilla y sumerja los tallos en un recipiente con agua, como si fuera un ramo de flores. Coloque una bolsa de plástico suavemente sobre las hojas, cierre con una liga alrededor del recipiente y refrigere.

Las hierbas secas pierden su sabor con el tiempo y deben sustituirse cada 6 meses aproximadamente.

PREPARANDO HIERBAS

Retire las hojas y tallos según necesite para hacer o adornar una ensalada. Las hojas de las hierbas deben retirarse del tallo antes de cortarlas o picarlas. Es más fácil cortarlas y picarlas cuando están secas, si no se pegan al cuchillo. Al igual que las hojas de lechuga, las hierbas también pueden apilarse, enredarse y cortarse a lo ancho para hacer tiras, llamadas corte en juliana o chiffonade.

Cuando utilice hierbas secas, aplástelas

y enróllalas entre sus dedos antes de agregarlas a cualquier platillo. Esto suelta sus aceites llenos de sabor.

USANDO FRUTAS Y VEGETALES

Las recetas incluidas en este libro dan por hecho que las frutas y vegetales han sido lavados cuidadosamente antes de usarse además cada receta explica cómo pelar, quitar semillas y cualquier otra preparación que sea necesaria.

Algunas frutas y vegetales toman un color café poco apetitoso una vez que se ha cortado su pulpa y se ha expuesto al aire. Para detener esta decoloración, frote o rocíe las superficies cortadas con un ácido como el jugo de limón o un poco de vinagre blanco. O, si lo desea, coloque las rebanadas en un recipiente con agua acidulada, que es agua mezclada con un poco de ácido. (vea la página 37).

Estas frutas y vegetales comunes en ensaladas se decoloran al rebanarlas y exponerlas al aire: aguacates, alcachofas, berenjenas (aubergines), coliflor, chirivías, duraznos, hongos, manzanas, nectarinas, papas, peras, plátanos y raíz de apio (celeriac).

USANDO QUESO

Para asegurar el sabor más completo, deje que los quesos estén a temperatura ambiente antes de servirlos. Los quesos secos como el parmesano pueden rallarse con las raspas más pequeñas de un rallador-rebanador. O, si lo desea, use un pelador de vegetales o cuchillo mondador para hacer lajas.

Un queso semi suave como el cheddar puede rallarse con los hoyos grandes de un rallador-rebanador, o cortarse en cubos pequeños. Los quesos feta y los quesos azules más secos como el Roquefort tienen una consistencia perfecta para desmenuzarse, mientras que los quesos cremosos de cabra tierna o el Gorgonzola pueden servirse a cucharadas o gotas sobre una ensalada.

HACIENDO ADEREZOS PARA ENSALADA

Para información adicional de cómo hacer aderezos para ensalada, vea la página 111.

MEZCLANDO LA ENSALADA

Cuando mezcle una ensalada con su aderezo use mano suave. Usando un par de cucharas para servir la ensalada o dos cucharas o tenedores grandes, mezcle suavemente las hortalizas u otros vegetales con una cantidad relativamente pequeña de aderezo, distribuyéndolo al mover varias veces. No empape las hortalizas. Aderece las hortalizas de la ensalada justo antes de servir para mantener la ensalada crujiente y adorne con nueces tostadas al último momento para que no se empapen.

TOSTANDO NUECES Y SEMILLAS

Al tostar nueces y semillas surge su sabor y las hace más crujientes dándoles un color dorado. Cuando no están tostadas, tienen un sabor y una textura más suaves. Al igual que las hierbas, las nueces y las semillas pueden agregarse como un adorno a prácticamente cualquier ensalada. Al espolvorear con una o dos cucharadas de semillas sobre la ensalada justo antes de servirla, no solo le agregará sabor sino también le dará un toque de platillo terminado.

CÓMO TOSTAR NUECES

Precaliente el horno a 165°C (325°F). Acomode las nueces en una sola capa sobre una charola de hornear.

Coloque la charola de hornear en el horno y tueste, moviendo ocasionalmente hasta que las nueces estén ligeramente doradas, aromáticas y cubiertas por una capa de su propio aceite. Dependiendo del tipo de nueces y del tamaño de las piezas esto tomará entre 10 y 20 minutos.

Retire las nueces de la charola tan pronto empiecen a verse listas, colóquelas en un plato y déjelas enfriar. Las nueces continuarán su cocimiento ligeramente después de retirarlas de la charola.

Nota: Las nueces también pueden tostarse en una sartén pequeña y seca para freír sobre calor medio. Agite la sartén a menudo y retire las nueces tan pronto se empiecen a dorar. Las semillas pueden tostarse de la misma manera, pero obsérvelas muy de cerca pues pueden quemarse.

HACIENDO ADEREZOS

Los aderezos para ensalada se dividen en dos categorías generales: las vinagretas y los aderezos cremosos, a menudo con base de mayonesa. Tanto la vinagreta como la mayonesa implican hacer una emulsión o mezcla total de dos ingredientes que normalmente no se mezclan, como son el aceite y el vinagre.

Para hacer una emulsión estable, que dure más de unos cuantos minutos, se debe de batir vigorosamente al mismo tiempo que se le agrega un agente conocido como emulsificante que ayuda a mantener unidos a los demás ingredientes. Por ejemplo, la mostaza en muchas vinagretas no solo se usa por su sabor, sino por sus propiedades emulsificantes. El huevo se usa como emulsificante al mezclar el aceite con el vinagre o jugo de limón para hacer mayonesa. En la página opuesta se muestran los pasos básicos para hacer una emulsión, usando mayonesa como ejemplo:

1 Mezclando yemas de huevo y sal: La sal se disuelve en un líquido al principio.

2 Agregando el aceite de oliva: El aceite se vierte poco a poco y se bate constantemente.

3 La mezcla empieza a espesar: El aceite puede agregarse en este momento con más rapidez y se agregan los demás elementos de la emulsión (el jugo de limón).

4 La mayonesa terminada: Al batir vigorosamente y agregar el emulsificante (huevo) surge una emulsión estable.

VINAGRETA BÁSICA

1 cucharada de vinagre de vino tinto

Sal gruesa de mar

1 cucharadita de mostaza Dijon (opcional)

3 cucharadas de aceite de oliva extra virgen, aceite de semilla de uva o aceite de cánola

Pimienta recién molida

Coloque el vinagre y ½ cucharadita de sal en un recipiente y mezcle con un tenedor para disolver la sal. Con el tenedor, integre mezclando la mostaza. Lentamente vierta el aceite para integrar con el vinagre en un chorro delgado mientras bate con el tenedor. Sazone con ¼ cucharadita de pimienta. Rinde aproximadamente 6 cucharadas (90 ml/3 fl oz).

Variación: Esta vinagreta combina vinagre con aceite en una proporción de 1 parte de vinagre por 3 partes de aceite. Otras proporciones clásicas son 1 parte de vinagre por 4 ó 5 partes de aceite. Experimente hasta encontrar la combinación que le gusta, o pruebe con diferentes aceites, vinagres, hierbas y especias. El ajo picado y orégano o tomillo picado darán a esta vinagreta un sabor del Mediterráneo. O, si lo desea, sustituya el vinagre de vino tinto por vinagre balsámico para obtener un aderezo más aromático.

MAYONESA BÁSICA

11 yema de huevo

Sal

⅔ taza (160 ml/5 fl oz) de aceite de oliva extra virgen, aceite de semilla de uva, aceite de cánola o aceite vegetal

1 cucharadita de jugo de limón fresco

En un recipiente, bata la yema de huevo con 1 cucharadita de sal hasta incorporar. Mientras bate, agregue lentamente el aceite en un chorro muy delgado, muy poco a poco, integrando por completo con la yema de huevo.

A medida que la mezcla empiece a espesar, se puede agregar el aceite un poco más rápido, pero no se apresure, pues la mayonesa se puede cortar. Continúe hasta usar todo el aceite y que la mayonesa espese.

Integre el jugo de limón. Refrigere durante 2 horas antes de usarla. Rinde aproximadamente ⅔ taza (160 ml/5 fl oz).

Nota: Esta receta contiene huevo crudo. Para información adicional, vea la página 114.

GLOSARIO

ACEITE DE OLIVA El término "extra virgen" se aplica a el grado más alto del aceite de oliva, el cual se extrae de la fruta sin usar calor ni productos químicos. Tiene un color café verdoso claro y un sabor frutado que algunas veces es ligeramente picoso. Su color agradable además de su aroma y sabor frutado lo convierten en la elección predilecta para hacer aderezos para ensaladas y marinadas.

AGITADOR DE ENSALADA Compuesto de un recipiente con tapa y una canasta tipo coladera, un agitador de ensalada reduce el tiempo para escurrir lechuga y demás hortalizas, evitando que el aderezo se haga demasiado aguado.

AGUACATES Para madurar aguacates, almacénelos en un lugar caluroso y oscuro durante unos días. Para acelerar el proceso de maduración, ponga los aguacates en una bolsa de papel con una manzana, plátano o jitomate. Los gases de etileno que emiten las otras frutas acelerarán el proceso.

Para quitar el hueso y pelar un aguacate, use un cuchillo pequeño y filoso cortando cuidadosamente a la mitad a lo largo alrededor del gran hueso redondo que se encuentra en su centro. Rote las mitades en dirección opuesta para separarlas, retire el hueso con la punta de una cuchara y deseche. Coloque una cuchara grande entre la pulpa del aguacate y la cáscara y desprenda cuidadosamente la pulpa.

ALMENDRAS Con su sabor delicado y suave textura, las almendras sirven para adornar con elegancia además de que pueden ser un ingrediente. Para blanquear o pelar, coloque las semillas sin cáscara en un recipiente térmico grande y vierta agua hirviendo sobre ellas. Deje reposar aproximadamente 1 minuto, escurra las almendras en una coladera y enjuague bajo el chorro de agua fría. Pique cada semilla para retirar su piel amarga.

Si desea saber cómo tostar nueces, vea la página 109.

ATÚN ENLATADO Cuando compre atún enlatado, busque atún en aceite para obtener el mejor sabor. Le recomendamos que compre alguna marca italiana de atún en aceite. El atún italiano en lata por lo general es la carne de color rosa del vientre del pescado, que es más jugosa que el atún de carne blanca. Si no puede encontrar atún en aceite de oliva, compre atún en agua, escúrralo, remójelo en aceite de oliva extra virgen, tape y refrigere de 2 a 3 días antes de usarlo.

CORAZONES DE LECHUGA DE HOJA U OREJONA Las hojas pálidas y crujientes de una cabeza de lechuga orejona (cos) son excelentes para hacer ensaladas.

CHILES SERRANOS Los chiles serranos son parecidos a los jalapeños en la intensidad de picor, pero los jalapeños son más suaves y tienen un sabor diferente. Miden aproximadamente 5 cm (2 in) de largo y pueden ser verdes o rojos. Por lo general se usan frescos.

DESGLASANDO Usar un líquido para retirar o disolver los trozos dorados de la carne, pollo u otro alimento salteado o frito que se haya adherido a la base de la sartén al cocinarse. Por lo general se agrega vino, consomé o agua a la sartén después de retirar los alimentos. El líquido se calienta sobre calor medio alto o calor alto y se mueve con una cuchara o espátula de madera y se raspa la base de la sartén al mismo tiempo que se liberan los trocitos dorados. El líquido se reduce, dejando que se cocine parcialmente o se evapore. La salsa resultante se llama salsa de reducción o salsa de sartén.

EMULSIÓN Una emulsión es una mezcla de ingredientes que ordinariamente no se combinan, como el aceite y el vinagre. Si desea información adicional, vea la página 111.

EXPRIMIDOR DE JUGOS Una herramienta manual o vertical diseñada para exprimir el jugo de limones, por lo general por medio de una superficie curva y acanalada que se presiona o gira contra la mitad de un limón.

HARICOTS VERTS Ejotes pequeños y delgados muy conocidos en Francia. Con un sabor delicado, son más elegantes que el resto de los ejotes y también son conocidos como ejotes verdes franceses o ejotes filete.

Puede sustituir por ejotes Blue Lake u otro tipo de ejote.

HERVIDOR DOBLE Juego de dos sartenes, uno dentro del otro con cupo suficiente para poner agua a hervir en la sartén inferior. Los alimentos delicados y salsas de crema se colocan en la sartén superior para calentarlos suavemente. Los hervidores dobles también son adecuados para mantener caliente algún alimento sin cocinarlo de más, o demasiado rápido. La sartén superior no debe tocar el agua de la inferior, y el agua no debe hervir.

HUEVOS, CRUDOS Los huevos algunas veces se usan crudos en aderezos y otros platillos pero tienen la desventaja que pueden estar infectados con salmonella u otra bacteria, que puede envenenar los alimentos. Este riesgo es mayor para los niños pequeños, ancianos, mujeres embarazadas o cualquier persona que tenga un sistema inmunológico débil. Si es sano y se preocupa por su seguridad, no consuma huevo crudo, o busque un producto de huevo pasteurizado para sustituirlo. Los huevos también pueden ser menos peligrosos si se calientan a 71°C (160°F). Los huevos cocidos a fuego lento, huevos poché, y huevos tibios tiernos no llegan a esa temperatura.

JITOMATES, PELANDO Y RETIRANDO LAS SEMILLAS Para pelar y retirar las semillas de los jitomates, coloque un cazo con tres cuartas partes de agua y hierva. Usando un cuchillo filoso, corte una X poco profunda en el lado del tallo de cada jitomate. Sumerja los jitomates en el agua hirviendo de 15 a 30 segundos, y, usando una cuchara ranurada o

espumadera, retírelos y páselos a una superficie de trabajo. Cuando estén lo suficientemente fríos para poder tocarlos retire las cáscaras. Para retirar las semillas, rebane los jitomates a la mitad a lo ancho, detenga cada mitad sobre el fregadero o algún recipiente y apriete suavemente para desalojar las semillas. Si es necesario, use sus dedos para sacarlas.

JULIANA Cortar alimentos en tiras largas y delgadas como cerillos se llama cortar en juliana. Para cortar en juliana un vegetal como la zanahoria, corte primero la zanahoria en trozos del largo deseado. Corte los trozos en tiras, después apile las tiras y rebánelas otra vez para cortarlas en juliana.

Para cortar en juliana una hierba como la albahaca, apile varias hojas una encima de la otra, enrolle la pila de hojas a lo largo y rebane a lo ancho en tiras delgadas. Las tiras se llaman chiffonade. La lechuga y otras hortalizas también se pueden apilar y rebanar.

MANGOS, PELANDO Siempre pele los mangos antes de servirlos. Con la punta de un cuchillo retire la cáscara gruesa y algunas veces correosa y jale las tiras.

Para cortar un mango, primero pélelo con un cuchillo y pare sobre uno de sus lados delgados, el lado del tallo viendo hacia usted. Con un cuchillo grande y filoso, corte aproximadamente 2.5 cm (1 in) de un lado del tallo, rozando el hueso. Repita con el otro lado. Coloque las piezas de mango cortadas viendo hacia abajo sobre una tabla de picar y rebane según necesite. Si lo desea, rebane la pulpa que quede sobre el hueso.

MAYONESA Esta mezcla de vinagre y jugo de limón, aceite y huevo se ha convertido en un condimento común en las casas. Si nunca ha hecho ni usado mayonesa hecha en casa en alguna receta, será toda una revelación. Puede hacerla en un procesador de alimentos, aunque si desea una pequeña cantidad es fácil hacerla a mano. Vea la página 111.

PANCETA Este tocino italiano lleno de sabor se hace al frotar una laja de panza de puerco con una mezcla de especias que puede incluir canela, clavos o junípero. La panza se enrolla en un cilindro apretado y se cura por lo menos durante 2 meses. Como no es ahumado, la panceta es más jugosa y suave que el tocino regular.

PERIFOLLO Una hierba de primavera con hojas rizadas de color verde oscuro. Es mejor cuando se usa fresco en ensaladas, con vegetales o con huevos, ya que tiene un sabor suave parecido al perejil y anís.

PIMIENTOS (CAPSICUMS), PELANDO Usando unas pinzas o un tenedor grande, detenga los pimientos enteros, uno por uno, sobre la flama de un quemador de gas, volteando según se necesite, hasta que la piel se llene de ampollas y se vuelva negra por todos lados, de 10 a 15 minutos. (Esto también puede hacerse en el asador, pero ase los pimientos con cuidado para evitar que se queme la carne.) Una vez que la piel se haya quemado y los chiles se hayan inflado, pase los pimientos a una bolsa de papel o plástico y ciérrela sin apretar. Esto hace que los pimientos vaporicen a medida que se van enfriando y hace que la piel se despegue. Una vez fríos, pele o frote la piel quemada. No se preocupe si queda un poco sobre la carne. No enjuague los pimientos bajo el chorro de agua pues quitará algo de su sabor.

Coloque los pimientos sobre una tabla de picar. Usando un cuchillo pequeño y filoso, parta cada pimiento a lo largo. Saldrá un poco de líquido por lo que recomendamos tenga un recipiente listo para colocar los jugos o limpie con toallas de papel. Abra el pimiento y extiéndalo sobre una tabla de picar. Corte alrededor del tallo, retire el tallo, las semillas y las membranas blancas o venas. Rebane o corte en dados el pimiento de acuerdo a las instrucciones de la receta. Si lo desea, use el jugo en el aderezo para tener un sabor adicional a pimiento.

PIMIENTOS (CAPSICUMS). QUITANDO LAS SEMILLAS Corte los pimientos a la mitad a lo ancho o a lo largo y, usando sus manos o un cuchillo, retire el tallo junto con las semillas. Recorte las semillas restantes y las membranas blancas o venas y corte el pimiento al tamaño y forma indicada en la receta.

PRENSADOR DE AJO Esta herramienta agiliza el trabajo para picar los dientes de ajo pelados. Un prensador de ajo gira sobre un gozne y tiene una tolva perforada y una cabeza que presiona el ajo a través de los hoyos para que pueda mezclarse más fácilmente con otros ingredientes. Elija un prensador que sea cómodo en su mano y tenga un gozne fuerte y durable.

PROSCIUTTO El prosciutto es un jamón italiano que no es ahumado ni cocido; es de pierna de puerco sazonada y curada con sal, dejándola secar a la intemperie. El mejor prosciutto viene de Parma, de la región italiana de Emilia-Romana, donde es curado de 10 meses a 2 años. Se le da el nombre de prosciutto o jamón de Parma y se le ha dado la categoría de cinco estrellas. Es delicioso cuando se sirve crudo o ligeramente cocido. Su sabor ligeramente salado es un acompañamiento tradicional de frutas frescas y melones.

QUESOS AZULES Algunos quesos se hacen con las esporas de bacterias especiales para desarrollar una red fina de venas azules para obtener un sabor fuerte, pronunciado y picante que se intensifica con el tiempo. Dependiendo de su textura, el queso azul puede desmenuzarse, cortarse en dados, untarse o rebanarse para usarse en una ensalada. Algunas de las variedades más populares incluyen el Gorgonzola y el Maytag que son más suaves o el Roquefort y Stilton que son más fuertes.

SAL DE MAR Creada por evaporación natural, la sal de mar se encuentra en sal gruesa o fina con forma de pirámides de hojuelas huecas. Debido a su forma, se adhiere mejor a los alimentos y se disuelve más rápidamente que la sal de mesa. Además tiene más sabor que la sal de mesa y se usa en menor cantidad para sazonar alimentos. En las tiendas podrá encontrar sal de mar principalmente de Francia, Inglaterra y Estados Unidos. La más cotizada es la Fleur du Sel de color marfil grisáceo de Bretaña.

SALMÓN AHUMADO De excelente textura y sabor dulce, el salmón ahumado es delicioso. Existen dos métodos para ahumar el salmón. El salmón ahumado al calor se ahuma de 6 a 12 horas a una temperatura de 49ºC a 82ºC (120ºF-180ºF). Este método también cocina al salmón dándole a su carne una consistencia de hojuelas. El salmón ahumado en frío se puede ahumar en cualquier lugar de 1 día a 3 semanas de 21ºC a 32ºC (70ºF-90ºF) dándole una consistencia sedosa. La mayoría de las recetas usan el salmón ahumado en frío, que puede encontrarse en rebanadas delgadas en tiendas especiales para gourmet, tiendas especializadas en alimentos o mercados bien abastecidos.

VINAGRETA El aderezo más sencillo y más conocido es la vinagreta, un término que debe su nombre al vinagre que lleva, aunque se ha ampliado para describir cualquier mezcla de vinagre o jugo de limón con aceite. Vea la página 111.

ÍNDICE

DEGUSTIS
Es un sello editorial de
Advanced Marketing, S. de R.L. de C.V.
Aztecas 33, Col. Sta. Cruz Acatlán, C.P. 53150 Naucalpan, Estado de México

WILLIAMS-SONOMA
Fundador y Vicepresidente: Chuck Williams
Compras: Cecilia Michaelis

WELDON OWEN INC.
Presidente Ejecutivor: John Owen; Presidente: Terry Newell;
Vicepresidente, Ventas Internacionales: Stuart Laurence; Director de Creatividad: Gaye Allen;
Editor de Serie: Sarah Putman Clegg; Editor Asociado: Heather Belt:
Gerente de Producción: Chris Hemesath; Gerente de Estudio: Brynn Breuner;
Editor de Fotografía: Lisa Lee; Editor de Copias: Sharon Silva; Editor Consultor: Norman Kolpas;
Diseñadores: Lisa Schulz y Douglas Chalk; Fotografía de Alimentos: Maren Caruso;
Estilista de Alimentos: Sandra Cook; Estilista de Alimentos asociado: Leslie Busch;
Asistente de Estilista de Alimentos: Jennifer McConnell; Asistente de Fotografía: Noriko Akiyama;
Índice: Ken DellaPenta; Corrección de Estilo: Desne Ahlers, Kate Chynoweth, Linda Bouchard,
Carrie Bradley y Arin Hailey; Diseñador de Producción: Lorna Strutt y Joan Olson;
Supervisión de la Edición en Español: Francisco J. Barroso Sañudo.

Título Original: Salad   Traducción: Concepción O. De Jourdain, Laura Cordera L.
Salad de la Colección Williams–Sonoma fue concebido y producido por Weldon Owen Inc., en colaboración con
Williams–Sonoma.

Una Producción Weldon Owen Derechos registrados © 2001 por Weldon Owen Inc, y Williams–Sonoma Inc.

Derechos registrados © 2003 para la versión en español: Advanced Marketing, S. de R.L. de C.V.
Aztecas 33, Col. Sta. Cruz Acatlán, C.P. 53150 Naucalpan, Estado de México

Presentado en Traján, Utopía y Vectora.

ISBN 970-718-088-9

Separaciones a color por Bright Arts Graphics Singapur (Pte.) Ltd.
Impreso y encuadernado en Singapur por Tien Wah Press (Pte.) Ltd./Printed and bound in Singapore by Tien Wah Press (Pte.) Ltd

1 2 3 4 5   03 04 05 06 07

UNA NOTA SOBRE PESOS Y MEDIDAS

Todas las recetas incluyen medidas acostumbradas en Estados Unidos y medidas del sistema métrico.
Las conversiones métricas se basan en normas desarrolladas para estos libros y han sido
aproximadas. El peso real puede variar.